U0616034

跑起来吧

杨不易　著

成都时代出版社
CHENGDU TIMES PRESS

图书在版编目（CIP）数据

跑起来吧 / 杨不易著. — 成都 : 成都时代出版社,
2023.11

ISBN 978-7-5464-3255-7

I.①跑... II.①杨... III.①跑－健身运动
IV.①G822

中国国家版本馆CIP数据核字(2023)第158684号

跑 起 来 吧

PAO QI LAI BA

杨不易　著

出 品 人	达　海
责任编辑	蒋雪梅　阚朝阳
责任校对	蒲　迪
责任印制	黄　鑫　陈淑雨
封面设计	原创动力
装帧设计	原创动力

出版发行	成都时代出版社
电　　话	（028）86742352（编辑部）
	（028）86615250（发行部）
印　　刷	成都博瑞印务有限公司
规　　格	120mm×185mm
印　　张	6.5
字　　数	134千
版　　次	2023年11月第1版
印　　次	2023年11月第1次印刷
书　　号	ISBN 978-7-5464-3255-7
定　　价	48.00元

序　做一个慢跑者

第一辑　起床，去路上

第二辑　跑马拉松，想好了？

第三辑　偶尔，会厌倦

第四辑　跑在西湖垂柳间

第五辑 擦肩而过的人

第六辑　沿着河流奔跑

后记　至少，还在慢慢跑

做一个慢跑者

读了村上春树的《当我谈跑步时我谈些什么》，偶尔便想，其实我也可以跑步，也可以写一本这样的书。但是后来被我否决了，因为我不愿意模仿。虽然大师离我很远，但也不想步人后尘。然而有一天，我突然就开始跑步了，没有任何先兆。

可能我经常这样——突然起意做一件事，并且一辈子就跟它耗上了。

比如戒烟。三十岁那年，我已经抽了三四年香烟，每天半包到一包的样子。国庆放假期间，跟朋友晓剑兄一起爬峨眉山，爬到山顶，发现没有烟了，于是决定戒烟。后来，除了在外玩耍偶尔抽一支，基本就算远离香烟了。

跑步也是这样。那段时间，大概是觉得自己胖得不成样子，有天早上决定要跑步。什么都没准备，翻了条平常当睡衣的黑色短裤，拣了件短袖T恤，穿上平常并不用来运动的运动鞋，就冲了出去。跑了三分钟，还没出小区大门，就喘得不成样子，改成了走路……

早上在河边奔跑，是件很有意思的事。没有人跟你说话，没有人在面前晃来晃去，也没有目的地和什么奇怪的想法。所以，跑步能跑出一本书，是件很奇怪的事。因为我跑步的时候，大概什么都不想。

跑了一个星期，单位此前体检的报告下来了。医嘱写了一页半。最狠的，就是脂肪肝，脂质代谢紊乱。然后在报告的一个角落里，发现手写了让我去复查两个什么项目，不懂，网上查了一下，居然后果很严重。我顿时很忐忑。赶紧抽时间去查。查下来，一项果然超标，另一项则是正常的。虽然只有一项超标，而且没有超出危险值，不能确定任何结果，但我确实傻掉了，满脑子胡思乱想。

一边跑医院，一边仍旧晨跑。但这时候，晨跑已经少了些闲情逸致，似乎多了些悲壮。脑子里经常冒出一句"跟生命赛跑"什么的。查了一大堆单子，医生说没什么事，不用管它，但要定期复查。说没什么事，但搞得轰轰烈烈的，家人也担心得不得了。老爸戒了的酒，也重新喝上了——浇愁。

除了跑，也没什么其他办法了。那是2011年。

然后，直接戒了酒。五一劳动节，和几个老友在黑龙滩小岛上的大醉，成了"绝唱"。七月，几家人一起去若尔盖草原，本该大碗喝酒大块吃肉的旅行，也因为戒酒少了好多乐趣，搞得朋友们也意兴阑珊。

但是，忐忑的心情到底慢慢淡化了。我也慢慢发现了晨跑的真正乐趣，甚至连身体，也适应了每天早上的运动。偶尔有一天下雨停跑，便浑身不自在起来。我已经从一口气跑几分钟，到了一口气跑一个小时，甚至更多。体重不知不觉间减下来，轻松、精神，甚至睡眠，都变得从来没有过的好。

其实，跑步是很枯燥的，没有那么多可以谈的。因为每天在同一条路上，同一个程序，跑完相同的路程，然后回家。只有汗水滴落，是真实的，可以确认的。

好在，我住在一个很有意思的地方，大概也能给跑步带来快乐。早在2008年夏天，我从成都羊西线的蜀汉路搬到了龙泉驿居住。龙泉驿地处成都东边，是古时成都和重庆之间的第一个驿站所在地。我住的地方，只需要步行十来分钟，就可以进入龙泉山，或者步行五分钟，就来到一条名为芦溪的小河，环境不错。

龙泉山是成都有名的花果山，每年的桃花节更是闻名中外。但只有居住在这里的人，才知道没那么简单。它几乎一年四季花果不断，除了漫山的桃林，还有万亩观光果园，沿山逶迤数公里，尽是葡萄园、枇杷园等。而这个观光果园，离我住处也不过一公里的距离。

所以，在龙泉山下跑步，四季是分明的。早上冲出门去，风吹在肌肤上，便是四季；河边植物的枯荣，便是四季；甚至芦溪河的水，清亮或者浑浊，深或者浅，也是四季。还有一群在河边舞剑、跳扇子舞的大妈，一个每天清早在河边发出"哦哦哦"声音的老头。几个偶尔遇上的跑步的大姐，身材渐见苗条，想必她们很有成就感。在这条浓荫里的小路上，每个人的心情冷暖，大概都是不一样的。

跑步是个很耗时的事情。以前早上还读点书，现在基本上没有了。几个写作的计划，也因此搁置了。少写了很多。有时候会纠结，因为一个喜欢，不得不减少花在另一个喜欢上面的时间。但是，还是觉得这样挺好。

一年之后，体检结果出来，体重比上一次减轻了很多，脂肪肝消失了。可以这样说，除了跑步的乐趣，这是一个最直接的成果。体检报告上，医嘱只写了两行，因为，我依然有点超重。写作的人，都喜欢说些虚头巴脑的话，其实这种实际的效果，才是最让人感到安慰的。

跑步，还会继续下去。一个胖子，一旦瘦过，他就不愿意再胖了。

瘦下去之后，也懒散过一段时间，体重竟然有些反弹。但跑步已经成了习惯，即便最懒散的时期，也是隔三岔五地跑着，并没有彻底放弃。十多年过去了，我没有成为一个专业的跑者，但至少把跑步当成了日常，有着比较健康的生活习惯。

或许，在一些人的眼里，跑步像一场华丽的表演。事实上，只有身处其间，才能明白——从寂寞无聊，到孤独沉默，喘息和风声从耳边掠过，只有跑者，才能听到大自然的呼吸声。

跑者，与自然坦诚相见。

第一辑
起床，去路上

起床，去路上。没有开始，一切都是空想。

起床，去路上

晨跑快要结束的时候，广场舞大妈们也出来了。早上跳广场舞的人比较少，她们在河边一个平台上舞动，不会影响人睡懒觉。从她们身边跑过时，我就想："等我老到跑不动时，就改成散步吧……"

一代人有一代人的思想，一代人有一代人的生活方式，我们不必彼此轻视，但也不必亦步亦趋。

日本作家村上春树，优雅而知性，已然成为跑者们的偶像。因为村上春树的引领，户外跑步被蒙上了小资和时尚的面纱。如今，打开微博和微信等社交网络平台，可以看到很多朋友晒出跑步的照片、里程，甚至奔跑的线路。有商业头脑的人，还开发出了各种跑步App，安装在手机里，可以轻松地测定跑步的距离、速度，甚至心率和燃烧的卡路里。朋友之间，则可以线上约跑，进行一场彼此看不到人影的奔跑比赛。

这很有趣，而且阳光和健康。但是，真正能跑起来，且能坚持下去的人，并不多。

　　我是在2011年开始户外晨跑的。一开始，并不是为了人生的修行，也不是为了跟大自然有什么交流。这些看上去很高尚的想法，在初跑者心目中，并不占有一席之地。我只是太胖了，而且健康受到了威胁，因此立志减肥。或者说，是为了跟生命赛跑。而跑步，是最简单易行的锻炼方式。这似乎有些悲壮，但对我而言，很重要。

　　对于一心艳羡跑步生活的人来说，跑起来，比什么都重要。

　　所以，在决定跑步之前，我没有跟任何人讨论过这件事。只是那天早上，突然想要去跑，迷迷糊糊坐在床边时，并不知道该如何开始，就想，跑步应该穿上短裤和背心吧，嗯，至少应该穿运动鞋，而不是皮鞋。

　　一个长期不运动的人，家里自然也没有专门准备这些，只好找能找到的服装，将就穿上，让自己看上去跟别人跑步的样子比较接近罢了……一切就开始了。

　　所以，只要跨出第一步，漫长的跑步生涯就算开始了。有个作家说："你想写没有用，写下去比什么都重要。"很多想要运动的人，常常倒在了宏伟的规划中。在准备进行一项运动时，常常是先去翻看大量的资料，买很多昂贵的装备，去专业的场所办卡……等一切都准备好了，热情也消失了。

　　迈开腿冲出门去，远比事前的讨论和规划有用得多。而唯有如此，才能感受到跑步的乐趣。人生需要规划，可不是一切都在规划中。临时起意得到的快乐，远比按部就班多。

清晨，孤独地冲出门去，然后会发现，跑步是一件很辛苦的事，而且枯燥无聊，累，并不能带来什么优雅感。气喘吁吁之际，十有八九会放弃。如果正好碰上冬天，贪恋温暖的被窝，能真正跑下去的人，少之又少。

所以，跑步的优雅和光鲜，只是旁观者的印象。你在网上看到的那些跑步美图，很多时候只是摆拍和修图软件处理的结果。只有那些目标简单的跑者，才会坚持跑下去，最终在奔跑中找到属于自己的乐趣。

没有开始，一切都是空想。

跑了近半年，在成功减肥之后，我发现，当户外晨跑成为一种生活习惯和生活方式，并不只是为了减肥和健身，它还能带给我更多的快乐……从那时候开始，我就不再是为了跑而跑，而为了健康和快乐而跑。

起床，去路上。

让路跑成为日常

　　说跑步可以让大脑放空，进入"禅定"状态，只是打个比方。在我看来，跑步只是一种日常生活，它不是什么万能的灵丹妙药，也远没达到高僧悟道的地步。因为，于真正的跑者而言，跑步并不是宗教，也不是修行，只是一种内心的需求，也是生理的需求，逐渐成为习惯而已。

　　作家刘震云曾把跑步分为四个阶段："第一个阶段是坚持；第二个阶段是你身体需要跑步，跑步会让你的身体感到非常愉快；第三个阶段是你的精神很愉快；第四个阶段是不跑步浑身不自在。"到了不跑不自在的阶段，跑步就成了一种生活习惯和生活方式，跟修行之类没什么关系。

　　只有懒于跑步的人，才会为跑步找那么多堂皇的理由。

　　修行，固然是一种主动，一种沉浸和安享其中，但仍然是在寻找内心的理由。而真正的跑者，不需要理由。跑步，只是一种自然而然的生活习惯，等同于吃饭睡觉，不需要自我安慰和激励。所以，不要把跑步搞得那么高尚，那么血泪斑斑，而是要让它成为我们的日常。

我的一位邻居，也曾经常跑步。他几乎像一位布道者，逢人便说跑步如何好，又讲述自己为跑步付出多少，诸如夏练三伏冬练三九，磨炼了意志力提升了人生境界。他恨不得全世界的人都赞扬他跑步，都跟着他跑起来。

每次看他"布道"跑步，我都恍惚觉得，正面对一个被传销洗脑的人。有人把他这样的人称为"跑步教"，也算是一种调侃吧。

甚至有人说，疯狂爱上跑步，是中年油腻男的标志之一。中年人开始跑步，当然是正常的。体能下滑，身体发福，跑步算是某种形式的抗争吧。如果非要说是油腻，在我眼里，至少比大腹便便、满嘴脏话强很多吧。

在临近中年，开始跑步的时候，我也曾把跑步作为一种励志道具。在路跑的第一年，成功减肥之后，我把跑步当作一种励志和展示，也为自己设定了目标。似乎只要我在跑步，我就是阳光的、向上的，跑步成为标志。为了维护这种励志感，我甚至希望自己的能力达到跑马拉松的程度，因此一度去挑战自己的极限，不断增加奔跑的距离、提升速度……

但当我准备冲刺极限时，才终于慢慢醒悟过来，我不是来跑世界冠军的，也不是玩极限运动的，我只是习惯了在户外晨跑。

　　并不是每个人都是村上春树，哪怕我也写小说，也在跑步。村上春树有他的生活方式和理念，比如长时间有规律地写作和运动，有计划地到全球参加马拉松和铁人三项比赛。我们没必要去复制别人的生活，也复制不了。

　　跑了很多年之后，对于跑步，我已经没有什么特别的要求。如果今天时间够，就换上衣服出去跑，实在有事耽误，也就算了。跑完回来拉伸，休息，冲凉，开始干别的。跑步已经不是一件重要的事，而是像吃饭睡觉一样平常的事。

　　路跑最终成为我的日常生活。在清晨一个小时的奔跑中，我去感受自己的孤独和空白，在机械和汗水中完成释放，然后回归。云淡风轻，无谓高尚。

　　这大概就是我所理解的户外跑步，它或许是一种人生的修行，或许是与大自然和谐相处的健康生活。但是，的确无须刻意。

万事开头难

大概很多人都有体验，看到自己满脸横肉，希望锻炼一下，但是要开始，却很难。因为一旦开始，就会有劳累和辛苦，就不会再有那么多安逸了。所以，我的看法是，如果你想锻炼，无论跑步还是游泳，别想太多，最重要的是先动起来。对，开始你的第一天，跨出第一步。

当时跑步，纯粹是临时起意。大概是2011年5月的一个周六早上，醒早了（胖子代谢不好，所以睡眠不好），突然觉得生活像潭死水，好无聊！就说出去呼吸一下新鲜空气吧，但又不想搞得像个老头，就扮成跑步的样子好了。

平常不运动，所以家里没有专门的运动装备，翻了半天，只好穿上夏天在家穿的短裤和T恤，又找到一双许久不穿的运动鞋。就这样，我相当于穿了一身睡衣，就悄悄地出去了。

就这么简陋，没有像样的运动服，也没有像样的跑鞋，更没有什么手环和计步器。嗯，连个包都没有，手机揣在裤兜里。一点不隆重，我开始了自己的跑步生涯。

所谓万事开头难，很多想跑步又动不起来的人，都栽在了开头上。常常是励志了半年，买了无数的装备，仍然跑不起来！这是典型的畏难心理，你不是害怕跑第一天，而是害怕一旦开始了，就要每天去付出时间和精力。

当我在清晨的寂静中往河边跑去时，内心充满喜悦和向往。迈开双腿，用一种奔跑的姿势，这时候，身体就会有一种被打开的感觉。你试试就知道了。

但是，当我第一天跑到小区门口的时候，发现自己已经气喘吁吁，双腿发软，拖拖拉拉根本不想出去了。这就是跑步第一天的艰难之处。

对于一个常年不运动的人来说，跑步并不那么轻松。

首先是体力欠缺。你可能平常可以抱起一桶水装到饮水机上去，也可能和同事临时抬点过节福利之类的东西到办公室，但是跑步，需要的不是那种猛然爆发又无法持久的力量，而是需要耐力。我平常的工作中，很难有持续五分钟以上的体力劳动。

其次是肺活量差。不运动的人，肺活量很小，又不会调整呼吸节奏，经过几分钟的持续运动，就会开始呼吸不匀，气喘吁吁。

接踵而至的疲惫感和无力感，会让人觉得沮丧和畏难。我站在小区门口犹豫了半分钟，还是在保安疑问的目光中出门去了。我当时的真实打算是：实在跑不了，就去散步吧。

然后，我慢腾腾地走到河边的小路上。五月清晨的小河边，河水清澈，草木茂盛，除了偶尔有老人慢慢走过，真是安静。这条河，叫芦溪河。我感觉力量又回到了身体里，决定再尝试跑一跑。虽然跑得很慢，但五分钟之后，我再次满头大汗，气喘吁吁。手机和钥匙在裤袋里晃荡，很不舒服，我只好把手机捏在手上跑。

那个早上，我在河边折腾了一个小时，基本上是跑五分钟走五分钟。到后面，基本上就是快走状态。很狼狈。这是我离开学校之后的第一次跑步，完全靠毅力在支撑，很艰难，所以印象深刻。

跑步多简单，谁不能跑啊？

我的总结就是：想跑，你就去跑，别找那么多理由来励志，搞得那么隆重。有些事情，仪式感太强了，反而显得做作，没办法持续做下去。所谓平常心做寻常事，大概就是这么个理儿。跑步，就是个寻常的事。

最尴尬的时段

如果说跑步真有尴尬的时候，那一定是开始的一周到一个月。

你试图跑起来，但体力和耐力跟不上。你试图跑远一点，但早就气喘吁吁，想在路边坐下来，甚至到草坪上去躺平。于是，你不想跑了，想放弃，但又不甘心。

身体上的考验，只要有足够的决心，总是可以挺过去的。但心理上的犹疑，往往让一件事功亏一篑。所以，在你深感尴尬的这个时段，不放弃就不只是一句口号，而是要身体力行，每天早上都能果断起床冲出门去跑步。

如何坚持挺过第一周呢？

记得我第一天跑步后，第二天早上想再去跑的时候，才发现大腿和小腿都酸痛不已，甚至下楼梯都成了问题。

虽然第一天我实际上跑得很少，一会儿走一会儿跑，距离并不长，但对长期没有剧烈运动的肌肉，还是带来了强烈的冲击。所以第二天早上，我沿着河边走了半个小时，就灰溜溜地回去了。

一整天，两腿都处于酸爽之中，能坐电梯绝不走楼梯，能走上坡绝不走下坡，能坐着绝不站着……就这样度过了感觉奇怪的一天。

第三天早上，我决定再试一试。感觉并没有比第一天更好。虽然酸痛轻了一些，但还是跑不快也跑不远。而河边的跑者，都身姿矫健地一晃而过。看着他们远去的背影，我顿生羞愧之感。别人从河对面跑了一圈回来，我还在半跑半走地磨蹭，说不尴尬是假的。虽然大家彼此不认识，可一大早就见了好几次，大神们早就把我看穿了。

值得庆幸的是，我向来是个脸皮颇厚的人，就这样在大神们异样的目光中，挺过了第一周，第二周，慢慢把速度提起来，从一口气跑五分钟，到十五分钟，到半个小时……当我终于以不是太慢的速度，一口气跑完五公里的时候，真有一种扬眉吐气的自豪感。是真的"自豪"，与别人无关，也不为别人所知，只是自我的满足和鼓励。像网络神曲里唱的："感觉人生到达了巅峰……"

腿部的酸痛会在第一周之后彻底消失，如果你每隔一两天跑一次，就会发现肌肉已经完全适应奔跑的节奏，跑完之后没有任何疲倦和酸痛感。相反，如果几天不跑，肌肉似乎在"发痒"，在提醒你：该出去跑一跑啦！

很多人很快会在前半个月的尴尬中放弃，灰心丧气，觉得自己不是跑步的料。一方面无法坚持，另一方面也看不到自己的进步。要知道，当你从五分钟就气喘吁吁，到一口气跑两三公里，就是一件非常了不起的事了。看到进步，就看到了坚持的希望。

另一种放弃，则是在经过前一个月的新鲜感之后，开始觉得疲倦和无聊。坚持早起是一件很难的事，而枯燥地奔跑半小时，还得放松，洗澡收拾，很容易把跑步当成负担。短时间的热情很容易，放弃一件没有直接收益的事，更容易。这跟生活中的其他事情一样，比如学一门外语，或者练习书法。

虽然永不放弃和学会放弃都是至真的人生哲理，但是对于跑步，我们只能选择坚持。

此后，就可以享受跑步带来的身心愉悦，甚至欲罢不能了。如果这时候讲"学会放弃"，不但将永远一事无成，更无法感受柳暗花明又一村的惊喜。

不要错过夏天

周末到了，早早起床，在河边跑了七公里，浑身舒坦，上班一周的疲惫感一扫而光。

这是夏天，最舒服的跑步季节，不跑真是浪费时光。对于打算在户外跑步的人来说，夏天是最好的机会，一定要抓住这个适应期，抓住了从此就会爱上跑步。

可能有人会说，跑步要一年四季坚持，风雨无阻，哪有什么舒服不舒服的季节。但以我亲身体验来看，这话说起来容易，做起来实在太难了。就算是圣人，也有想摸鱼偷懒的时候。

最难的晨跑季节，肯定是冬天。

网上有个漫画段子，说"不是我不想起床，是被窝离不开我，拉着我不放啊"。所以冬天被窝的诱惑力太大了。正常起床都半天不想起，更何况要更早起来跑步呢？

一般晨跑会在七点甚至更早起床，否则时间不够用，影响上班。另外，七点半之后路上的车也多起来，空气质量堪忧，噪声也大，远不如静寂的清晨舒服。但那个时段，正是睡得舒服的时候，起床真是太难了。

好不容易出了门，跑起来也很艰难。太冷了，寒风扑面，手脚冻僵。穿厚了跑不动，而且跑一会儿出汗了更难受。但穿薄了出门时会被冻惨。最后只好选择加一件外套，挺过开始时的寒冷，快速跑起来给身体加热。有时候，我甚至会戴上手套，拉上兜帽。

对于跑上瘾的人来说，这也许是常态，但对于一个初跑者来说，要挺过整个冬天，实在太难了。很多打算跑步的人，常常会在冬天放弃，从此不再跑步。人之常情。大冬天的早上，谁不想待在被窝里呢。

另外，这些年很多城市空气质量不好，在冬天很容易出现雾霾这样的污染天气，也不适合户外跑步，总是不得不因此中断。如果连续中断几天，惰性自然就来了，理所当然地不想起床，放弃的理由也多了一条。

"在冬天，总是有更多理由不跑步。不接受反驳！"你总是这样安慰自己。

所以，我的建议是，如果你想跑步，尽量从春天开始。在鸟语花香的季节跑步，也没有起床难的问题，还是比较开心的。而且这也符合初跑者对美好跑步生活的期待和想象。如果一开始就很难，很多人都会被吓退。

　　开开心心跑过了春天，在更容易起床的夏天继续跑，而夏天是跑步最好的季节。早上很容易醒来，起床也不复杂，一身短打就跑出去了。独自奔跑，放空大脑，一边是锻炼身体，一边也是心态上的放松，一箭双雕，何乐而不为？

　　而只要坚持跑过秋天，基本上就成了跑步者。等到了冬天，已经习惯了跑步的生活，甚至跑上了瘾，也就有了动力和起床这一问题对抗了。

　　我开始跑步之后，前两三年坚持得极好，这两年虽然有所懒怠，但还是尽量坚持每周跑上一两次。因为跑步一旦上瘾，就不大可能真正放弃了。

　　当然，夏天跑步也有一些问题要注意。一是要选早晚天气凉爽的时候，二是要补充足够的水分，三是时间不要过长、运动量不要过大，避免出现中暑的情况。

　　而随着酷暑的到来，即便是早上，气温也不低，只能尽可能早一点起床，用午休来弥补睡眠的不足。

　　从春天跑过夏天，跑过秋天和冬天，跑过一年四季，如此生活，才是有活力的生活。

开辟新跑道

上个周末，按惯例，我依然沿着河边跑了一段，然后拐弯，跑过两个别墅区之间的道路。原本是要再拐弯，沿着这个万人社区的社区道路，重新转到河边去。没想到，偶然一抬头，发现通往山上的那条断头路，似乎修通了。

略作犹豫，我就沿着新路跑了。晨跑嘛，大多在住家附近进行，所以基本上都在同一条线路上跑。跑得久了，难免觉得枯燥和厌烦。偶尔就会想，要不要找一条新的线路来跑？这大概是我当时沿着新路跑的原因吧。我想去看看，那条路到底修得怎么样了。

路两边已经没有房子了，还是庄稼地。但是没跑上十分钟，路就没了，标志指示向右拐，也是一条以前没有的路。于是我拐弯，继续跑新路。我就想试试，前面到底是什么地方。

这样又跑了五分钟，发现终于跑到了尽头，前方成了泥土小路。原来是这样，并没有什么惊喜。唯一让我为难的是，我得原路跑回来。而以前每天固定的线路，基本也是固定的里程，这样绕一圈回去，重新按原路跑，又太远，不跑了，又太近……

总之，偶然的节外生枝，会因为未知而带来新奇，但也会因打破固定路线而搞得很纠结。好在我并没有强迫症，非要跑固定的里程，所以回到河边上跑了一阵，大概跟从前的里程差不多，就慢跑着回家去了。

偶尔的改变线路，也可以打破你跑步的节奏，包括速度和里程等。因为总是在同一条线路上跑，你就会习惯这种程式化，三圈五公里，六圈十公里，到了某个节点上，就会下意识地觉得完成了任务，肌肉记忆也会同步，准备着结束。

而改变线路之后，这种心理和生理上的习惯性反应，就会被淡化。所以，如果你想在跑步里程上有突破的时候，最好另选一条新线路，这样比较容易成功。

但全新的线路，也可能带来疲惫感。当我们在熟悉的线路上跑步时，目标是清晰的，大概什么时候能跑到终点，心里有数。但在新的线路上，未知感也可能带来惶惑——为什么还没到？到底要跑到时候才能到？

住家附近新建了一条绿道，在我第一次去跑时，就有这种很不好的体验。感觉跑了很远了，一看手机，才不到五公里。沿着预设的线路跑完一圈，发现才不到八公里。为了完成十公里，不得不在一段路上来回跑，每看一次手机就会有绝望感，搞得筋疲力尽。

　　但这种不舒服的感觉，主要是对线路和距离不熟悉造成的，如果多跑两次，有了合理的规划，就能尽情体验新线路上的快乐了。另外，现在路边到处都有共享单车，如果距离方面规划不周全，实在跑不动了，扫个单车就骑回家了，也不必担忧跑远了回不了家。

　　是的，未知会让人惶惑，但更多的则是探索的快乐。这跟我们人生中的很多事都是一样的，所以也可能多少会带来一些启示吧。

　　实在一点说，作为健身跑者，我们确实没必要把跑步弄成固定的课程。固定的线路和里程并不重要，偶尔多跑一点，或者少跑一点，都不是什么大事。关键在于，你在跑的过程中，是不是感受到了由外而内的惬意。

　　晨跑，只是一种日常的锻炼方式，并不是专业训练，所以可以随意一点。相信在偶尔跑上新线路的那一刻，内心的小喜悦，远比一成不变带来的安全感多。

跑到意犹未尽

一个以健身为目的的慢跑者，如果对远距离和高速度过于执着，显然容易失去初心。把慢跑跑成赛跑，就把它变成了生活的一种负累。

说跑步是一种习惯，或者为了保持一种生活状态，但并不等于说，我们对距离和速度毫无期望。随着时间的累积，体能会越来越好，跑完既定的距离，常常会有意犹未尽之感。要不要再跑一会儿？要不要下次跑快一点点？

生活，总是在略高于现状的要求中，才可能越过越精彩。就像在平凡的生活中，我们总会有一点小小的目标，比如要计划好时间和金钱，去某个远方旅行；比如更俗气一点，想换一个大点的房子，好一点的车。这不是过高要求，而是人之常情。

完全失去目标地生活，跟行尸走肉没有区别。而不以赛跑为目的的慢跑，也绝不是心若止水的躺平。

当你跑到意犹未尽、身心皆有余力的时候，就是适当延长距离和提升速度的时候了。

我什么时候开始跑十公里的，已然忘记了。只记得有一段时间跑到十五公里，觉得全无必要，就降到五到十公里之间了。但慢慢越来越懒，很长一段时间干脆就只跑五公里，多跑三公里都觉得累。似乎还搞出了跑步的舒适区，再不愿辛苦自己。跑步都能跑出惰性，这很出我的意料。

而我的朋友小嵘，跑步的"成长"历程，似乎比较清晰地呈现了一个初跑者，是如何把意犹未尽转化成动力的。

在那两年里，人到中年的小嵘似乎是患上了抑郁症，对事业和生活都充满了焦虑，暴躁的脾气也影响到了家庭幸福，他还对身体的每个部位都充满了怀疑，无缘无故胃痛、腰腿痛、肩颈痛，去医院进行了各种检查，医生都告诉他："没有任何问题，不用担心。"但他就是没办法解决这些焦虑。

大概是在我的影响下，他开始了晨跑，并很快成了风雨无阻的跑者。他在朋友圈晒跑步，每天三四公里的跑步轨迹，加上几张路边风景照。我觉得他状态不错，要是能一直坚持下去，不说治病，至少可以身心愉悦。

没想到小嵘是个有追求的人，大概半个月后，他的晨跑距离变成了六七公里。而那段时间，我刚好重新回到十公里的状态，每天看着他晒出来的跑步地图，还是略有些优越感的，就是老鸟对菜鸟的那种莫名而可笑的优越感。

但是五十天后，小崃突破了瓶颈，把晨跑距离变成了十公里，并且速度也开始提升，每公里的配速从九分钟变成了八分钟，最后变成了六分多钟。可以说，把我这个已经跑出惰性的老鸟给秒杀了。

在之后的两个月里，小崃一直保持以六分多钟的配速完成十公里的晨跑，而且频次还挺高，以至于我都有点担心他膝盖受伤。

但他又悄悄把晨跑距离提高到了十五公里。我实在忍不住了，问他是不是打算参加马拉松比赛。没想到他说："马拉松？哦，你说那个长跑比赛啊。我还没想过，就是跑完觉得还能跑，就加一点距离吧。跑舒服就行了。"

看他自信而惬意的样子，我相信这就是意犹未尽的力量。跑多远，跑多快，不是取决于你的远大目标和坚定的决心，而在于是不是真的意犹未尽。

我维持在十公里的状态，偶尔提提速，也很舒服。谁知道将来某个早上，会不会想要跑得更多、更快一点呢？

突破后的另一重天地

　　马拉松可望而不可即，但对里程的渴望却不可扼制。对于普通的晨跑健身者而言，近在眼前的里程突破，就是十公里。当你在一次连续的晨跑中，突破了十公里的里程，就来到了另一新天地。

　　从初跑到十公里，其中大概有几个突破点。以我的经验，常年不跑步的初跑者，前三天基本在十分钟之内就跑不动了，最快的可能跑五分钟就想放弃。但是，只要坚持一个星期，就能持续跑十五分钟以上。半个月之后，就能连续奔跑三十分钟以上。这时候，你基本上就算一个合格的晨跑爱好者了。

　　但是，里程和速度永远都是跑步中的两个限制点，要有所突破，就需要持之以恒地锻炼。在经过一到三个月的持续跑步之后，一般人可以以每小时八公里左右的时速，连续跑五十分钟左右。也就是说，可以连续跑七公里的样子。

　　而十公里之所以遥不可及，是因为很多人在跑到八九公里的时候，觉得到了自己的极限，就会选择结束奔跑，慢慢形成晨跑的惯例。相同的路线，大概相同的速度和里程，如果长时间保持，对十公里以上的里程，就会望而生畏。

但事实上，只要有目的地保持速度，找一个时间充足的周末，突破十公里并不困难。记得我第一次突破十公里之后，竟然像突然"开了天眼"，觉得一点不累，又加跑了两三公里。又过了一周，我选择了突破十五公里……

在决定突破十五公里的时候，我在跑前停跑休息了一天，并且抛弃了平常晨跑的路线，另外选择了一条路线。因为我知道在旧的路线上跑，惯性思维会给我带来惰性，跑完平常的里程，就会觉得筋疲力尽。而新的路线，会有陌生感和新的目标思维。

我先在网上的地图上大概确定了路线和里程参照点，然后周末时早起了半个小时。都知道，跑步需要时间，每次晨跑的里程，实际上会影响你后续的生活安排。在全新的路线上奔跑，有一种新鲜感，同时会忘掉里程参照，直到跑到事先定好的地方，我才掏出手机来看App上的里程数。跟事先设计好的一样，我只要返程，并坚持跑回家，就完成了十五公里。

难道我不回家？所以，我转身向家跑，几乎以同样的速度，越来越接近家的地方。过了十二公里的时候，有一点吃力感。但是，必须跑回去。回家，成了一种督促。所以我顺利地跑完了，同时竟然还有一点意犹未尽。

　　这是一个很奇妙的体验。你觉得十五公里很远，自己体力不够。可是跑完的时候，却觉得自己还能跑。那之后，我没有试图去跑"半马"或者"全马"，因为我知道自己跑步不是为了里程目标，而是为了保持一种健康积极的生活方式。里程和速度，都不重要，重要的是状态。

　　但是我还是觉得，如果身体和时间允许，在十五公里成为常态之后，如果你想，那还是可以尝试去跑一跑"半马"的。二十二公里，对大部分身体不差又经常路跑的人来说，不算是特别大的极限。有的目标，总是可以努力去实现的，对吧？

　　至于"全马"，等你跑完"半马"再说吧。我从来没跑过，也不建议一般的晨跑爱好者轻易去尝试。

　　有跑步软件将跑者分为初阶跑者、中阶跑者、高阶跑者和顶阶跑者，而高阶跑者的基本要求是，跑步里程累计一千公里并完成四次"半马"。顶阶跑者的跑步里程则需至少累计四千公里，并完成四次"全马"。有心者，也可以把这个作为自己设定目标的一个参考。

吃不吃的问题

香江四大才子之一、美食家蔡澜说："吃得好一点，睡得好一点，多玩玩，不羡慕别人，不听管束，多储蓄人生经验，死而无憾……"吃好睡好，其实是最简单的人生快乐。可是，所谓"迈开腿、管住嘴"，是打算通过跑步减肥者的人生信条。

对于很多跑步者来说，跑与吃之间，其实存在难以调和的矛盾。但是，跑步和吃的关系，还是大有讲究的。

虽然专家们说，最好的跑步时间是下午。但下午不用上班的吗？所以绝大部分的人，还是只能选择晨跑或者夜跑。

大清早起来，要不要吃点东西再去跑？这是很多人的疑问。因为专家说，不要空腹跑步。另一个专家说，刚吃了饭不要跑步。是不是很矛盾？

其实，以我的经验，空腹跑步是最好的。经过一晚上的消耗，晨起时是空腹状态。我会在出门前喝一杯温开水，以补充水分。毕竟在接下来的奔跑中，首先消耗的也是水分。

我曾试过带半瓶水出去跑，但实在不方便。跑一个小时左右的人，中途基本不用喝水。

有一段时间，因为尝试晚餐吃水煮蔬菜，早上起来真是饿得不行。对，我疯了，想试试到底能不能减肥。事实证明很难长期坚持。饿得实在没办法，就备了一些饼干和小面包，晨跑出门前少吃一点，吃一块巧克力也行，可以避免低血糖，对肠胃也可起到保护作用。

而我不大喜欢夜跑，原因之一就是需要提前吃晚饭，否则跑起来非常难受。吃饭和跑步的间隔时间太短，对身体尤其是对肠胃，是非常不好的。据医生说，吃完饭就跑步容易导致胃下垂。

早上跑完步回来，休息一会儿，就可以吃早餐了。有人对早餐也提出了苛刻的要求，其实大可不必。早餐，只要不是太油腻的食物，都是可以的。鸡蛋、面包，或者包子、稀饭，怎么舒服怎么来吧。

如果你非要搞什么科学健身，按照严格的卡路里来搞食谱，那就只当我什么也没说。我这种凡夫俗子，既然没办法坚持每天晚上吃水煮花菜，自然也没心思去搞健身食谱。

跑步只是生活中的一部分，并不影响你的正常生活。关于吃喝问题，其实跟跑步无关。就是说，不管你是不是在跑步，都不能任性大吃大喝，但也不必顿顿计较。

最科学的方法，就是保持正常的饮食习惯，平常的饮食稍微注意一下，碳水化合物不要过多摄入，但也不能完全不吃。动物内脏，大部分时间都不要去碰。一般情况下，以鸡肉、鱼肉和牛肉为主，尽量少吃猪肉，尤其是肥肉。

只要大部分时候都保持得很好，偶尔放肆一下也没什么关系。大鱼大肉吃一顿怎么啦？碳酸饮料喝一杯怎么啦？生活本身就要丰富多彩，可以偶尔任性一把。如果一年三百六十五天都严格遵循健身食谱，活着还有个什么劲儿？

不喝酒不抽烟不吃肉……那天天跑步到底是为了什么呢？人这一生，不在于你活得多久，而在于你活得是不是快乐。而口腹之欲是很重要的快乐源泉，还是不要放弃的好。

蔡澜是个美食家，吃吃喝喝也过得很健康，所以他写文章说《不如任性过生活》。另一个美食家沈宏非，把自己吃成了个大胖子，照样快乐。

跑步的人，并没有多特殊和多了不起。不要把跑步神话，也不要把健身神话。我们要健康快乐地活着，而不是把自己搞成苦行僧。

很多人从来不跑步，天天吃吃喝喝，也活得很健康、很快乐。除了羡慕，我们还能怎么样呢？

手刀快跑

　　就在刚才，高温橙色预警第六天的早上，我一直和一位美女并驾齐驱地奔跑，一会儿她跑到我前面，一会儿她又落在了我后面……

　　我们的节奏不一样。我是基本保持匀速向前，而她似乎在训练速度。时不时加速冲刺两百米，然后又慢下来开始步行。在这样的不断切换中，我们的平均速度看起来差不多。

　　虽然我一直说，一个普通的晨跑爱好者，一定要有点佛系心态，不要在里程和速度上作过多追求。但在长久保持一个速度之后，适当地提高速度，还是有一定必然性和好处的。

　　人总是在不断追求更好和更高，只要适度就行。

　　专业的跑步者，经常挂在嘴边的是"配速"，即每公里所花的时间。很多人会为此进行专门的训练。但单纯讲配速，并不适合长跑，所以还得再做里程上的突破。

　　而要提高速度，当然要有不错的体能。所以必须是你已经跑了很长一段时间，心肺功能和耐力都有了一定基础，才能进行提速的尝试。

　　具体的提速方法，不外乎两条，要么步频高，要么步幅大，如果两者都有，自然就跑得快。所谓步频，就是每分钟落脚的次数，而步幅则是指每跑一步两脚之间的距离。步频可以通过提高频率来实现，而步幅可能还受限于身高和腿长。

　　世界短跑名将博尔特的步频是每分钟240次，步幅2.5米，这对普通人来说是不可想象的。马拉松世界纪录保持者基普乔格最高步频是每分钟185次，步幅可达到1.88米，对普通晨跑爱好者来说，也是高山仰止的存在。

　　那么，你的步频和步幅是多少呢？如果你使用跑步App，跑完之后是可以看到大致数据的。大部分的爱好者，步频都在每分钟160～180次，步幅则在1米以内。想要有所提高，可以参考App上的数据来进行调整。

　　具体的练习方法，可以是在跑步过程中以定时定量的短距离冲刺训练，也可以通过冲坡训练和标准化跑姿训练，比如落步方式和摆臂方式等，还有就是腿部力量的训练等。

　　当然，也不是步频越高越好。步频太高可能导致落脚不稳而摔倒，而且不利于长时间奔跑。我在路上偶遇的那位美女，她采用的是冲刺一段走一段的节奏，就是因为过高的步频很难保持长久。在训练一段时间之后，保持的时间就会有所提高。但这也取决于跑者具体的身体状况，否则人人都成长跑名将了。

步幅大小还取决于身高、腿长，如果刻意拉大步幅，确实比较容易拉伤，对膝盖的压力也会增大，增加受伤的可能性。

看到一篇文章，说不追求速度的跑者，会过早进入平台期。意思是说，如果你一开始就慢慢跑，跑久了身体的反应就有了惯性，在速度上就进入了平台期。这个说法不是没有道理。所以在跑步的热情期，还是应该追求一定的速度和里程，在达到一定水平后，再保持即可。

快跑对身体伤害最小这种鬼话，千万不要信。受伤的永远都是高强度运动员，你听说过散步伤膝盖的吗？人的身体是有极限的，平台期早晚会出现。你不可能永无休止地提高速度，也不可能永无休止地跑下去。另外，过快的速度，还会让身体从有氧状态进入无氧状态，对于以健身为目的的晨跑爱好者来说，实在大无必要。

短跑运动员冲刺的时候，常常把手掌打开，像两把刀一样在空气中摆动。这样的跑法，被戏称为"手刀快跑"。有余力的时候，我们也可以偶尔一试。

"云端"的比赛

　　五月的时候，我在某个运动App上报名参加了"520线上跑"。在5月19日的早上，打开App，独自在河边跑了十公里。然后，领到了一个电子版的完赛证明和奖牌。如果需要，也可以付三十块钱，拿到实体的奖牌。

　　要不要参加比赛？对于晨跑爱好者来说，虽然全无必要，但一个积极向上的人，开始专注于任何一件事，都希望做到最好，甚至进入无形的赛道，彰显自身的努力成果和人生价值。

　　要比赛，就得随时关注各种赛事，准备报名，准备赛前训练，然后专门前往比赛地，这需要大量的时间和精力，甚至不得不抛下工作。对于被日常俗务缠身的普通人来说，这太奢侈了。

　　在有了跑步App之后，这个问题似乎得到了解决。在十多年的跑步生涯中，我先后用过好几个跑步App。从最初网络信号差，因此经常掉线，路线混乱，到现在非常完美地记录每一公里的速度、海拔高度等，甚至动态视频线路。一个App，就能记录跑步的全部数据。这可能比大赛组委会还要周全。

当所有用App的跑步者都可以适时上传跑步信息的时候，就让线上比赛成了可能。近几年来，特别是在疫情背景下，各大运动App都频繁地组织线上比赛。几万人的马拉松比赛因为疫情无法举行，那么大家就在线上进行比赛。虽然没有了万人齐跑的气势，毕竟还是一种比赛的状态。

跟线下比赛一样，线上组织比赛，往往也是设置了各种参赛级别组。"全马""半马"、十公里，甚至五公里也可以。这样就各取所需，就算你是一个刚刚开始晨跑的菜鸟，也可以参加五公里的比赛，试试自己的"成色"。最后还能花二三十块钱，拿到一枚纪念奖章。

那么，现实中的比赛和线上的比赛有区别吗？当然有。区别就是没有万人同跑的气氛，甚至可能感受不到比赛的紧张感。

但是，参加线上比赛，跟平常的自在晨跑，还是有区别的。

"520线上跑"那天，虽然出门我就告诉自己："这跟平常跑步一样，只不过报了个名而已。"但是在跑出去之后，我还是有意无意间早早提了速。不但提速比平常早，速度也比平常快。虽然身边没有比赛的人，但整个人还是进入了比赛状态，总想着跑一个好点的成绩，速度快一点，用时短一点。

结果跑到七公里的时候，我开始感觉到不适应，膝关节开始隐隐作痛，到八公里的时候，已经有些无法忍受了。如果是平时，我就会停下来，改为步行。但想到既报了名，总要跑完吧。于是又坚持着跑了两公里，顺利"完赛"。

一个从来不把速度当一回事的人，猛然间改变节奏，而且过早提速，肯定会让关节不适应。但一场看不见的比赛，无形中增加了紧张感和成就感。这些东西都会反映到奔跑的身体上。

这种堪称"云端上"的比赛，我虽然很少参加，但还是很喜欢。一方面，可以让陷在日常生活中不可能到处参加比赛的人，感受一下比赛的氛围，了解自己的跑步状态。另一方面，也可以让准备参加比赛的人，多些练习的机会。经常参加线上跑，让自己感受比赛的状态，就可以更好地去调整自己的速度和节奏，这样到了正式参加比赛时，应该会有更好的状态。

后来，又参加了诸如"七夕线上跑13.14公里""元旦线上迎新跑15公里"之类的线上比赛，自我感觉也挺不错。没有人乌泱泱的比赛现场，但略有一点小小的比赛味道。

想一想，早些年跑步，我们还需要去买一个计步器，先填上身高、体重数据，测试步子的长度和频率，以此来记录跑步的数据。但是谁能保证整个奔跑过程中，步子大小和频率是一样的呢？而现在的跑步App加上GPS定位和手机传感器，记录跑步就简单和准确多了。

科技是特别有魅力的东西，总是在不断改变我们的生活状态和视野。所以在众多文学题材中，我除了喜欢烧脑的悬疑推理小说，还喜欢天马行空的科幻小说——接受未来，就是打开自己。

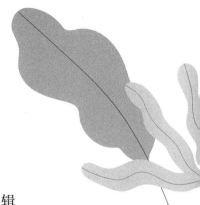

第二辑
跑马拉松，想好了？

跑马拉松，仅有热情和精神，是远远不够的。

跑鞋是否合脚自己知道

一位朋友在朋友圈抱怨，说因为听信传言，买了某个品牌的跑鞋，一早上跑下来，脚掌痛到难以忍受。很难相信，一个品牌跑鞋的质量能烂成这样。而在同一天，小崃在朋友圈晒了一双前掌张开了口的破鞋。他们都必须换一双新跑鞋。

鞋子不合脚，肯定是跑步爱好者的噩梦。而要找到一双合适的跑鞋，并不容易。

才开始跑步时，我并没有专门去买跑鞋，而是就着一双平常穿的运动鞋，甚至连衣服都没去买，穿着一件普通的T恤和居家短裤就冲出去了。大概因为平常穿习惯了，这样直接跑起来，并没有什么不适感。穿久了的鞋才最合脚，穿旧了的衣服才是最舒服的。

直到后来鞋跑坏了，才有目的地选择更适合奔跑的鞋。各种跑步的账号，都把跑鞋的选择说得神乎其神，其实是为了带货变现，说到底就是跑鞋广告，所以不必全信。但是，到底该怎样去选鞋呢？我困惑了很久，也在各种品牌和功能之间徘徊了很久。

彻底把穿鞋可能影响脚踝和膝盖的困惑解除，是在微博上看了一段视频。

这段视频介绍了各种关于跑步的争议，特别是关于受伤和跑鞋的选用，可谓各种说法互相矛盾。尤其是一些跑鞋生产厂家打出的概念，什么减震啊，稳定啊，运动控制啊，五花八门，不外乎吹嘘自己的鞋有多适合跑步，不让你受伤。

但一些分析却认为，薄薄一层鞋底，根本不可能减缓跑步时对关节的冲击。而人的关节，天生就能起到减震作用。因此，有人干脆扔掉跑鞋，开始了赤脚跑，比如赤脚跑步的鼻祖、英国人约翰·伍德沃德。他们认为赤脚跑能激发人身体关节自我保护的本能，因此更不容易受伤。而原始人就是这样干的。

这样说，绝不是让你不相信专业装备，而是思考选择装备背后的逻辑。你连走路都不敢赤脚，凭什么敢穿鞋底很薄的跑鞋，甚至赤脚去跑步？毕竟我们不是久经考验的原始人。

但是，我们到底该信谁的呢？面对这些纷争，只有一个办法，那就是谁的都别听，按照自己的舒适感去做。你要相信，人的关节本身是最符合运动原理的，但赤脚跑步这种事，也不太适合四季都穿鞋的现代都市人。

那么，才开始的时候，我们就可以多换几种跑鞋试试，去寻找最舒适的那种。

以我粗陋的经验，挑选跑鞋有几点要注意。一是路跑者不要挑鞋底太薄的鞋，否则奔跑时脚掌频频落地，真的会疼。二是鞋底也不能太厚，底子太厚的鞋跑起来不稳，容易崴脚，而且鞋跟太厚的话，很容易让你脚跟先着地，这算是跑步的大忌。然后当然是要合脚，跑步时不要有夹脚感，也不要太松，否则跑起来很容易伤脚，比如打起水泡，或者脚后跟被磨破皮之类。其他的，倒并没有特别的要求。

什么样的跑法让你更舒适，不别扭，不引起关节上的不适和疼痛，那就是最好的跑法。什么样的鞋让你跑起来很轻松，脚感没什么不适，那就是最好的鞋。这世上，绝对没有一种万能的跑法，也没有一款适合所有人的鞋。最适合的，就是自己那双脚。

如果你很有钱，只想买价格昂贵而且号称高科技的功能跑鞋，又或者是拿过什么冠军的"大神"级跑者，可以根据自己的脚定做跑鞋，那就当我啥都没说。

乖，请保住你的膝盖

　　一个新闻在微博冲上了热搜，说上海一位吴姓女士，因为想减肥瘦身，于是跟着运动博主学习，每天跳绳4000下，坚持了一个月后，开始腿疼，就医检查后发现半月板损伤和韧带撕裂。

　　这两年，各种运动博主很受欢迎，尤其是一些视频App上的博主，动不动就是长时间高强度的运动，跳绳、跳操等，引来众多粉丝跟练。有的大概有收获，也有像吴女士这样练到受伤的。

　　啥事都要适可而止，运动如此，生活中其他事也一样。

　　关于跑步伤膝这个说法，很流行。一个跑步的人，常常也会听到旁人相劝："跑步伤膝，别跑了。"我也会劝跑得太猛的朋友："悠着点儿……"

　　膝盖，是人体的一个主要关节，它天生就是拿来动的。站起来，坐下去，或者走路，甚至伸腿屈腿都会用到膝盖。所以，运动本身并不会对关节造成伤害。而经运动专家研究，跑步和走路这样的运动，对膝盖以及周围的肌肉和韧带起到锻炼和保护作用。这跟汽车发动机是一个道理，经常开的车当然有磨损，可要是长期不开，没有磨合，对发动机也绝是不好事，它可能就悄悄地锈掉了。

但是，如果短时间内运动量过大，就会产生过度的磨损，尤其是体重过大的人，在进行跑步和跳绳这样直接用到腿部的运动时，就会产生更大的冲击。我们需要保持一个相对适度的运动量，锻炼它，但不要伤害到它。

其实，膝关节受伤，特别是半月板损伤和韧带拉伤等情况，大部分发生在专业运动员身上，因为他们的运动量真的很大，即便是有专业的训练方法，也无法消解大运动量带来的冲击。而普通人日常的走路和跑步，并不会对膝盖影响到"受伤"的程度。

而医生会告诉你，如果长期坐着不动，始终保持同一个姿势，又没得到锻炼，膝盖也会"受伤"。不要动得太多太猛，也不要不动。这就是对膝盖的保护之道。

那么，如何避免跑步伤到膝盖呢？

经常跑步，就无法回避膝盖会疼的问题。就我个人的经验来说，有时候跑十多公里还意犹未尽，但有时候跑到五公里膝盖就会疼。这跟身体状态还有配速的控制有关。作为一个业余的晨跑爱好者，我不会跟自己较劲，所以一旦出现膝盖不适，就会慢下来，甚至干脆停下来改为走路。

跑前一定要热身，跑完做拉伸，这是最常规的操作。

特别是睡了一夜刚起床，必须让肌肉和关节都"苏醒"过来，达到一定的温度，才能开始跑。开始的两三公里，最好慢跑，适应之后再慢慢提速。根据你准备奔跑的距离来安排配速，在确保体力分配合理的同时，也让膝关节受到的压力得到适当分配。有时候前面几公里速度过快，就很容易让膝关节过早承压过大。

大部分人体重正常，跑步不会对膝盖带来额外的冲击，但过于肥胖者则不同。体重过大，无论是走路还是跑步，都会对下肢关节造成大的冲击。所以肥胖者想要跑步，应先通过其他方式减轻体重。

另外，如果经常跑步，不要选择过硬的路面，鞋子也要选择有一定弹性的。但是，如果你只是偶尔跑一跑，这些因素带来的影响，微乎其微。

膝盖很重要，它决定了我们还能不能继续奔跑。所以，一定要保住你的膝盖。

最想听的那首歌

去年不知什么时候，突然想起周传雄，于是坐地铁时总是听他的歌，《黄昏》《记事本》……一遍又一遍。跑步也经常听。于是在自己的"年度音乐榜"上，周传雄和他的《黄昏》排在了第一。

跑步听音乐，是很多晨跑爱好者的习惯。塞上耳机，让音乐屏蔽掉世间杂音，完全沉浸在自己的节奏里。说是跑步，其实是心灵的闭关啊。

所以我总是说，如果你想独处，不要待在房间里，而是要独自去跑步。所有的节奏都在自己掌控之中，没有人跟你说话，你也没心思去关心路边的人在干什么。还有比这更"孤独"的吗？而音乐，可以让这种"孤独"更完整。

其实，最早开始跑步时，我并不习惯听音乐。那时候蓝牙耳机还不流行，戴着个有线耳机，另一端或者插在手机里，或者插在MP3里，跑起来总觉得有些碍事。后来智能手机流行，网络越来越好，随时可以切换新歌，蓝牙耳机也更方便了，才慢慢习惯在跑步时听音乐。

据说有人测试过，跑步时听音乐能减少疲劳，提升速度和耐力。这我倒没有明显的感觉。只是如果能听一些轻音乐，或者熟悉的慢歌，确实心情比较愉悦。

一定有人会说，各种音乐App上都有跑步歌单，但那些歌似乎没有什么明显的特点，到底是以什么标准选出来的？而跑步时到底应该听什么音乐？朋友，跑步歌单也是人选的。我的理解，它一定是别人以自己的喜爱和习惯挑选的歌，可能适合你，也可能不适合你，甚至你根本就不喜欢。

如果你懒得自己一首一首去选歌，也不妨拿来听一听，如果不喜欢，换另一个歌单就好了。

我个人的理解，跑步时最好听一些比较舒缓的轻音乐，这样不至于干扰你的跑步节奏。如果音乐过于激烈，一方面可能挑动你的"激情"，越跑越快，另一方面对耳膜也不健康。如果实在不喜欢轻音乐，那就选那种比较熟悉的歌，或者干脆就选听不懂的外文歌，感受音乐的节奏就好了，这样你的思绪就不会被歌词带偏。

在很长一段时间，我其实是喜欢林忆莲的。大概在二十多岁的潦倒日子里，一张名为《铿锵玫瑰》的VCD陪了我半年，后来就喜欢听她唱歌。其实林忆莲也许更适合女性听众吧。但是，重要的不是她唱什么，而是因为在一个特殊的时间里陪伴过你。

所以跑步时，偶尔我也听林忆莲，但大部分还是周传雄。林忆莲的歌有一种都市女人的颓废和妩媚，甚至带点酒精味，而周传雄则是一种多情男人的忧伤，很适合清晨的寂寞。

扯远了，还是说些实在的。激烈的音乐，还有一个问题，就是在路跑时可能会带来安全隐患。当你完全在激烈的音乐中奔跑时，完全听不到周边的声音，比如汽车声，那么很容易出意外。有一段时间，我还试过听摇滚和说唱，感觉整个人都跟着音乐在走，跑步节奏完全乱了，离预定目的地还有很远，就开始喘，甚至脚踝痛。

如果是喜欢夜跑，为了安全起见，那就完全不能听音乐。一来晚上视线不好，最好还是把精力放在路面上，以防踩空摔倒，二来晚上治安相对也有隐患，需要提高注意力。当然，夜跑最好两人结伴而行。

有时候，我也完全不听音乐，因为只想感受跑步的状态。没有音乐，就可以完全专注于步伐的节奏，把整个情绪放在跑步的过程中，去享受运动的快乐。

跑步浪费时间？

开始跑步之后，跑步对我造成的最大困扰，大概就是时间的分配，甚至影响到了我的其他工作和生活。

跑步需要时间，这事儿，用脚趾头都能想到。我们以晨跑为例。四十分钟，是健身跑和减肥跑最基本的时间要求，再不济，也得跑三十分钟以上，否则没什么效果。

跑四十分的话，你早上起床后，先下楼，至少要做五到十分钟的热身，然后开跑。四十分钟结束后，还得花上至少五到十分钟来放松和拉伸。然后，就是等着身体慢慢恢复过来，至少半个小时后，才能去洗澡和吃饭。

也就是说，一个简单的晨跑，至少需要一个半小时。而上班族早上的时间非常紧张。这也是很多上班族放弃晨跑改为夜跑的原因。而夜跑同样也需要时间，而且你还得早一点吃晚饭，然后等至少两个小时再跑，否则容易对肠胃造成伤害。总之，不管晨跑还是夜跑，时间都会紧张。

只有周末会好一点。但实际上很多上班族到周末是想睡睡懒觉的。而我，会尽量把周末的时间利用起来，跑一跑。这样一来，时间还是够用的。

除了工作，我还有阅读和写作的爱好，这也需要时间，而且需要安静地待下来的时间。所以跑步经常会和写作产生冲突，搞得时间不够用。

一定有人会说，那就把热身和拉伸的时间减少，跑完尽快洗澡，就算完事了。但是，这显然是不合适的。跑步所需要的时间，特别是热身和拉伸的时间，是省不得的，否则很容易对关节和肌肉造成伤害。而剧烈运动后，一定要休息至少半小时再去洗澡和进食，这些都是基于身体机能的要求，要不然得不偿失。

当然，如果只是短距离的晨跑，也可以通过合理安排来节约时间。比如我住在十楼，出去晨跑时就会选择走楼梯而不是坐电梯。走楼梯时可以有意识地做一些热身动作，活动关节，或者小小的拉伸之类，这样走到楼下时，基本上就可以直接开跑了。

夏天晨跑，更是半天汗水淌不完。但是，也不要着急跑到空调下去吹。因为剧烈运动之后，人体的毛孔是打开的，正在正常散热，突然吹到冷空气，毛孔就会收缩，导致体内的热散不出来。等你离开空调之后，身体可能会重新热起来。这样忽冷忽热，是很容易感冒的。同样的道理，跑完之后，最好喝常温水，而不是冰饮。

与其用这些方式去节省时间，不如早一点起床，或者把跑步的时间缩短五分钟。少跑一会，并不会损失什么，毕竟我们又不是参加奥运会这样的重要比赛。

而早起跑步之后，还可能导致缺少睡眠，中午就必须小睡一会儿。午休是个很健康的生活习惯，严格说来不算浪费时间。但午休成为必需之后，没有午休习惯的人，就会在心态上产生浪费时间的错觉。

其实，凡事都有利有弊。就我来说，跑步之后，大概因为新陈代谢好转，无论是身体状态还是精神状态，都比之前好很多。有了健康的身体和充沛的精力，做事情的效率当然更高。

我是经过大半年的时间才调整好心态的。否则，非要让我在跑步和写作之间做一个选择，我可能会选择写作。

跑步　徒步　散步

　　这几年，健身运动越来越受到城市人的喜爱。除了跑步成了时尚，徒步也是大受欢迎。实在没时间跑步和徒步的，黄昏时候散散步，也有很多人在坚持做。

　　各种社交平台上，每天晒步数也成了流行的事。如果有幸占领朋友圈步数排行的封面，就像得了某项重要的大奖。据说还有聪明的创业者用占据步数排行的封面来做广告，可见关心的人多，曝光率也高。

　　说跑步、徒步和散步，到底哪一种对身体好？只要是适当的运动，都对身体健康有好处。所以，全在你喜欢。年轻人，当然选择跑步。老年人，就散步喽。而长距离徒步，是需要一定装备准备的运动，也很有吸引力。

　　跑步的好处在于，运动相对剧烈，出汗多，而且更显活力。跑步一般都安排在早晨或者晚上。因为运动剧烈，就会慎重一些，比如准备饮水，一定要在饭后两三个小时才能开跑。这样的准备之下，其实无形中形成了健康的生活方式。

关于跑步，我们已经说太多了。但想要跑步对健康产生好的影响，重点还在于长期坚持跑，每周两三次，或者至少有一次四十分钟以上的慢跑，才会有一定效果。但跑步也不一定都是健康的，比如过量跑会受伤，空腹或饱腹跑对肠胃不好。

关于跑步，我写了些杂七杂八的文字。其实多年前，我还写过一篇《黄昏时去走路》，就是说散步的。独自在街头散步，看看人间烟火，不但于健康有益，其实本身也是诗意的。

散步一般会安排在晚饭后。因为中国人有句俗话，叫"饭后百步走，活到九十九"，所以大家都认为饭后散步有益于身体健康。但是，这也很容易造成误解。一些人吃完饭就出去散步，而且速度还不慢，这对健康完全没有好处。

饭后百步走，至少要在饭后半小时再进行，否则对胃的消化会造成影响，造成消化不良。严重的，甚至对胃造成伤害。据我的观察，很多散步的人，都是在黄昏时候出行，基本在晚饭后。一些人甚至不知不觉间把散步变成了暴走。这实在有悖散步的初衷。

总的来说，散步是一种相对悠闲的放松运动，一是要注意时间的把握，二是要注意速度的掌握，避免在饭后剧烈运动。

很难说跑步和散步哪一种更好，关键还得看你的时间和身体状况。但是要相信一点，适当运动，会比完全不运动更健康。

　　也有几个朋友钟情于去野外长距离徒步，常常在朋友圈晒图。去野外徒步，有一定风险，所以他们大多建一个同好群，到了周末，大家规划好路线，备齐了装备，相约一起出发。在野外徒步几个小时，看看田园风光，感受团队成员间互助的力量，还有社交方面的收获，也是非常健康的。

　　野外徒步要准备的也多，比如整套的防蚊虫叮咬、防晒、防割伤的衣服，还得有质量较好的登山鞋、手杖，以及水和食物等。当然，平常也得好好锻炼，毕竟长距离徒步也很耗体力。

　　新闻报道中说，也有人在城市大街上成群结队徒步的，感觉不安全也不健康。车来车往不安全，空气质量也不好。

　　徒步必去山里，至少也得是郊外的田野吧，那样才有乐趣。

跑马拉松，想好了？

　　本城的马拉松开始报名了，办公室的同事跃跃欲试。对于为经常跑步的人来说，也许跑一次马拉松也算是梦想。我说，请个专业教练练一练，或许可以跑一跑。毕竟，跑马拉松，仅有热情和精神，是远远不够的。

　　标准的马拉松里程是42.195公里，对于人类来说，绝对是一次对体能极限的挑战。我们大多数的健身跑者，每次跑的距离，多在10公里左右，很少有超过15公里的。所以，即便是跑完"半马"，对于普通健身跑者来说，也是一次极限上的突破。

　　精神是很重要的，因为如果不能忍受肉体上的煎熬，就无法坚持到最后。日常的健身跑步，一次几公里，目的是健身和减肥，对专业性要求并不高，基本上是以跑得舒适为原则。但跑马拉松，就是一件非常专业和艰苦的事。即便是经常长跑的运动员，在跑马拉松之前，都必须进行系统训练，以增强自己的耐力。

要想获得速度和耐力，专业的训练就必不可少。比如正确的跑姿、营养的补充和均衡、体力的分配等，甚至包括一些比赛的技巧，穿什么鞋、什么衣服，都是大有讲究的。

至于因为自己经常跑步，对马拉松充满了憧憬，或者某一天突然来了热情，就要去参加马拉松比赛，这实在不是一个好的选择。就像你喜欢在电脑上打战争游戏，和突然要扛着真枪上战场一样，完全是两码事。

疫情之前，全国很多城市都在举办马拉松比赛，成都的马拉松也举办有好几届了，还成了大满贯候选赛事。有的人以此为生活方式，不是在跑马拉松，就是在准备跑马拉松。每次比赛都冒出很多励志故事，让人很是感动。

我微信朋友圈里，也有马拉松爱好者，平常的练跑，基本以十五公里和"半马"为主。同样是跑步，看别人动不动就跑二十多公里，或者热血澎湃去参加马拉松，虽然赢不到奖牌，起码有一个完赛证书，还是挺羡慕的。但羡慕归羡慕，自己有几斤几两，心里还是有数的。

是的，马拉松比赛固然不是什么不能企及的目标，但的确是一次极限挑战，需要过硬的技术指标和身体条件才能完成，如果准备不充分，贸然跑去比赛，不但会打击你的自信心，更有可能对身体造成伤害。

如果你想跑马拉松，建议可以读一读《跑步圣经》，或者村上春树的《当我谈跑步时我谈些什么》。你会发现，精神力量和专业性，在跑马拉松的过程中，同等重要。乔治·希恩以"高龄"跑完马拉松，绝不仅仅是有战胜自我的精神，而是将这种精神付诸实践，以专业性来保证精神的不坍塌。而村上春树作为一个业余的跑者，在跑马拉松之前，都是由专业教练来进行训练的。

人定胜天，或者战胜自我，说起来很励志，但也需要真正的实力，而不是仅有口号和幻想。

任何希望挑战自我的人，都值得鼓励。但是，作为一个普通的晨跑健身者，如果你想跑一次马拉松，要做的还是先冷静下来，想一想，如何安排你的专业训练。

越跑越优秀？

不管励志鸡汤文是否可信，我们确实总想找一点什么来证实自己的优秀，至少是找到一点存在感。但人生碌碌，优秀者毕竟是少数。

那么，大多数的普通人，上着一个没有激情的班，拿着微薄的薪水，没有辉煌的事业，没有耀眼的成就，似乎永远不会有人生的高光时刻，又拿什么来证明自己呢？

跑步，也许可以成为一种方式。

这样一说，也就明白了。我们总是在网上看到一些文章，把跑步神话了，好像我们不是在跑步，而是在修行，甚至是在拯救世界。跑步跑成了无所不能的超级英雄，放眼天下，舍我其谁。

说，跑步可以强身健体，万一地球面临毁灭，也只有跑步的人才能拯救。跑步侠，比钢铁侠和蜘蛛侠还要厉害。

又说，跑步可以不生病，还能预防一切可能的绝症。好像只要你跑步，这辈子都不可能生病，就算将来死了，那也是无疾而终。

还说，跑步可以使人情操高尚，远离一切低级趣味。好像只要你跑步，你就成了孔圣人，比其他人都更高尚——好像流氓就不会跑步似的。

所有的说法归为一条——坚持跑步的人都是优秀的人，能成全善良的内心，做成一切大事。理由就是一条，因为跑步的人是自律的，所以不但可以有强健的身体，还可以拥有强大的内心、破除万难的勇气和毅力……

等等，你是不是想多了？跑个步而已，有什么了不起的？原始人天天在草原和树林里狂奔，只是为了找点食物填饱肚子而已。

跑步，只是众多生活方式中的一种而已。它确实能给我们的生活带来一些改变，原因在于，我们运动了。而运动可以改善身体机能，人的身体状况、精神面貌就比较好，这是事实。跑步可以，游泳也可以，踢足球、打羽毛球甚至练太极拳、跳广场舞都可以。它并没有什么特别的。

我之所以选择跑步，不过是因为它实施起来最简单，不需要约队友，也不需要专门的场地，想跑就跑，如此而已。如果我喜欢跳舞，说不定就跟大爷大妈们跳广场舞了，那也是相当不错的。

更不要觉得，跑步的人就会变得更优秀。有的人喜欢跑步，但除了跑步他啥都不想干，跑完步他就去大吃大喝，沉迷于手机游戏，甚至也不想工作，不愿意陪伴家人。有的人一辈子不跑步，甚至也不参加体育锻炼，但他专注于热爱的事情，最终做出了了不起的成就，实现了自己的梦想。

跑步可以让自己变得更好，也可能让自己变得更自私。我见过太多过于沉迷跑步的人，他们每天都在跑，热衷于参加各种比赛，不是在跑步就是在去跑步的路上，全然不管妻儿老小在背后那复杂的眼神。他们希望他能像个"正常人"那样生活，陪陪家人，哪怕是一起看看"肥皂剧"呢？

一个偏执而沉迷于跑步、不管工作和家庭的跑步"大神"，绝不比一个勤奋工作、乐于陪伴家人的"懒虫"更值得尊敬。

跑步是一种很好的生活方式，但跑步只是你生活中很小的一部分。如果你喜欢，那就每周抽出两三个小时独自奔跑，然后回到日常的生活中。

不要做跑步的奴隶，也不要成为"跑步教"的信徒。路要越跑越宽，始终看着远方，而不是主动跑进一条死胡同。跑步可能给你带来信心，但是，绝不能证明你优秀。只有虚浮的人，才会把跑步这件事当作一种资本来夸耀。

做一个自律、热爱生活的人，这才是跑步给予我的启示。

说你呢，千万别跑步

劝人别做跑步的奴隶，那是提醒非运动员的跑步爱好者，别把生活和跑步搞得本末倒置了。其实我还想说：你可能根本不能跑步！

我的一位诗人朋友，在跑步半年之后，选择了放弃。他对我说："医生说我腰椎不好，跑步会对脊椎造成冲击……"我说那你就别跑了，有空散散步，也挺好的，感觉还诗意一点。不是所有的激情都值得鼓励。

总的来说，跑步是一项高强度运动，虽然不像专业比赛对人有那么高的身体要求，但对一些人来说，还是不大适合的。如果非要跑，可能不但得不到锻炼，还会给身体带来负面的影响。所以能不能跑步，是需要一个科学评估的。

医生朋友说，如果已经知道身体某些部位有问题，一定要先咨询医生，到底适合哪种运动、怎样强度的运动。否则，可能让你的病痛雪上加霜。

比如患病多年的糖尿病患者，跑步很容易引发低血糖。

对于高血压病人来说，跑步会使血压和心率上升，导致心律失常。另外，患有心脑血管疾病的人也不适宜跑步，否则因心脏无法承受负荷，易加重疾病或有猝死的可能。

对有这些疾病的人来说，跑步就不是适合的运动。自己一定要弄明白，不要病情加重了后悔莫及。

最让人不可理解的，是过于肥胖的人其实不适合跑步。胖子们自然不理解——我长得胖，跑步减肥还不行吗？不是不行，一开始，最好还是走路或者游泳，体重减轻一点后，再开始慢跑。原因很简单，由于过于肥胖，跑步的时候很容易对下肢造成冲击，使膝关节受损。

还有就是腰椎间盘突出、膝关节受损、骨质疏松这样的骨科病患者，也是不适合跑步的，因为很容易对骨关节造成冲击，加重病情。

确实如此，由于跑步是剧烈运动，而且不停地起步落脚，会有震动，可能诱发一些疾病。

而年龄比较大的人，在跑步之前最好去检查一下身体，并咨询医生有没有运动方面的注意事项，才比较稳妥。

当然，这个世界上大概没有身体绝对健康的人，人总会有这样那样的小毛病，只要不会产生明显的不好影响，大可不必忌讳跑步运动。

此外，在我看来，除了某些身体有疾病的人不适合跑步，日常生活中也有一些不适合的情况。

很多人喜欢把跑步当作一种励志方式，即使工作忙，也要挤出时间来跑步。但是跑步对体能消耗很大，如果身体状态不佳，再去跑步会让身体更加疲惫。比如遇上熬夜加班，睡眠本来就不足，还要强行早起出去跑步，对身体和精神都造成进一步的消耗，很容易低血糖，甚至晕倒和猝死。

看到一篇文章说，国外的某个跑步"大神"跑步50多年，连骨折期间都在坚持跑，不知道他是如何做到的。在我看来，这绝对是一种病态心理。如果受伤了，应该马上停止跑步，让受伤的肌肉、关节等休养恢复，而不是继续运动让伤情加重。

而如果生病了，身体虚弱，还是不跑为好。比如感冒期间，如果已经头痛头晕，再去跑步，其实是很危险的，冬天的话还可能受寒加重病情。

跑步，一定要精神状态好，内心有一种跃跃欲试的感觉，这样跑起来效果才好。最忌讳的，则是给自己"打鸡血"，明知身体有恙，非要去"坚持到底"，后果就是对身体造成伤害，这就跟跑步健身的目的背道而驰了。

第三辑
偶尔，会厌倦

慢慢跑下去，累了倦了，就歇一歇，有了冲动再跑，

没什么大不了的。

偶尔，会厌倦

大概是临近冬至的一天吧，成都已经到了最冷的时候。孩子上初中了，周末得去补课，我照例起早给他做了早餐，然后开车送他去学校。按惯例，回到家后，我就要换好衣服出去晨跑。可那天真的好冷啊，要把暖和的衣服脱掉，重新换上冰冷的运动服，出去迎接割面的寒风……我突然就犹豫了。

就这样犹豫了五分钟，我终于决定不跑了，泡了杯热咖啡，蜷在沙发上读起了闲书。整整一个冬天，我都没有跑步。坚持多年的晨跑，在那个冬天中断了。这样的情况，后面还发生过两三次。

现在很多人都在跑步，说起来也很阳光，好像跑步的人都很能坚持，也不怕苦不怕累的，其实也未必。

跑过步的人都知道，虽然跑步让人精力充沛，甚至可能上瘾，但是跑步真的是一件很辛苦、很枯燥的事。想一想，长年累月，每天按时起床，在同样的道路上奔跑，同样的距离，同样的速度……特别是冬天，天气那么冷，还要早早从床上爬起来，真是非人的生活。

在十多年的跑步生涯中，我至少有五次觉得厌倦，甚至一度中断了三四个月。跑得久了，有时候会产生迷茫，想问自己为什么要跑步，这样跑下去到底有什么意义？

当我早起的时候，天还不亮，别人都在温暖的被窝里；当我累得满头大汗时，别人在沙发上喝着咖啡；而且，我也很忙，还有那么多书没读，那么多小说没写，如果不跑步，每天至少可以多两个小时来读书和写作……

所以那个冬天，我找到了理由，觉得早上要送孩子上学，还要写作，就拖拖拉拉的，整整一个冬天都没有跑步。我以为我会忘了跑步，甚至从此放弃。我甚至打算把家里的跑步机也卖掉，因为那玩意儿实在有些占地方！

但是，当春天来临的时候，我发现我又有了跑步的冲动。那种奔跑的愿望又回来了，于是又开始了奔跑。有时候天气不好，就在跑步机上跑。我想，跑过步的人，对奔跑的那种热爱，会深入骨髓，就算是暂时厌倦了和放弃了，也会在一个合适的时候，重新开始。

还有几次，是很短暂的厌倦。我甚至在跑出去两三公里的时候，突然不想跑了，特别烦，于是干脆不跑了，沿着河边走了一会儿，就回去了。过了两天，兴趣来了，再重新跑，还是一样兴致盎然。

实际上，对任何常年坚持的事情，都会有厌倦的时候。比如写作，我总是写啊写，有时候就特别烦，看看书柜上塞得满满的书，不知道自己写这些东西有什么意义，不如看看"肥皂剧"、打打游戏舒服。于是扔下键盘，不写了。可是过不了几天，心里又有了写作的冲动，还是觉得写作是让自己最愉快的事情。

所以，对于跑步，不必搞得过于励志和热血。它只是日常生活的一部分，喜欢，或者厌倦，都是正常的事。但是常年的生活习惯，会深入你的血液，很难真正放弃。一直慢慢跑下去，累了倦了，就歇一歇，有了冲动再跑，没什么大不了的。

如何打开重启之门

好多年前，看过一部王宝强和甄子丹主演的电影——《冰封：重生之门》，电影不怎么样，但情节设定还挺好玩的。说两个宋朝的人，因为雪崩被封在冰层之下，到了现代突然解冻了，于是醒了过来，记忆还停留在一千年前……两个人的人生就重启了。

跑步的记忆，也会一辈子留在你的肌肉和心里。所以，如果你中途放弃了，需要重启，就去唤起那些跑步的内心感受，以及肌肉的记忆。

但是，正如王宝强和甄子丹重生之后，虽然记忆犹存，但要在新的世界生存下去，还有一个适应和学习的过程。

停跑了三四个月，每天早上能在被窝里多赖一个多小时，实在很幸福。但是，春暖花开的时候来了，清晨起床，听着窗外的鸟鸣，一眼望去，是慢慢绿起来的树，是渐次开放的花朵，空气里都是香甜的味道，这时候，就会想起跑步。

这么好的天气，为什么还赖在床上呢？为什么不出去迎接吹面不寒的杨柳风呢？早已经深入血液的"跑步基因"，已经开始涌动了。

于是，决定重新开始跑步。

其实，踏出门的那一刻，还是很熟悉的感觉，步伐跟三四个月前一样，一点都不觉得陌生。所以在简单热身之后，我就像从前一样起步，提速，计划还是跑十公里。

但是，跑到快五公里的时候，我感觉步子越来越沉重，膝弯处的筋开始疼痛，然后脚踝也有了隐痛感。又坚持了一公里，越发感觉不对劲，几乎要拖着腿跑了。只好停了下来，甩了甩腿，慢慢走回去。

第二天早上起床，小腿和大腿的肌肉都有了酸痛感，下楼梯时不得不侧着身子走。停了三四个月，我似乎成了一个初学跑步的人。

事实证明，从技术上来说，重启跑步，相比最初的开跑，要容易得多，但也切不可操之过急。

中断跑步一个月之后，肌肉和关节都不再是跑步的状态了。所以重跑之后，又会开始新一轮的肌肉酸痛，甚至关节的不适应。如果认为自己还是一个成熟的跑者，因此还像从前那样跑得过快过猛，很可能会引起关节，尤其是膝关节的不适应和疼痛。

所以，重启跑步，还是以慢跑为主，慢慢去找回从前的肌肉记忆，也让关节重新回到奔跑的状态。

重启跑步者，无论是肌肉还是关节，适应速度都比初跑者快得多，很快就可能找回从前的状态。而肌肉酸痛的感觉，也不会持续很长时间。如果说初跑的酸痛要持续一周，那么重启跑步到了第三天，就完全没有感觉了。

在用了大概一周的时间重新适应后，我很快就回到了正常的跑步状态，每周有三到四天的早上，在河边的花红柳绿间奔跑，享受熟悉的感觉。

正如王宝强和甄子丹重生之后，慢慢学会了在新的世界生活，并打开了重回宋朝的时光之门，无论命运如何，终究还是找回了自己原本的人生。

跑步的记忆会跟随你一辈子。这是真的。人生那么长，任何事偶尔中断都是正常的，跑步也一样，所以大可不必自责和懊恼，只要你有重新上路的热情和决心，随时都可以打开重启之门。

油腻中年？还是少年？

　　四十二岁那年，老卢在某个周末的清晨醒来，站在镜子前，突然被自己大腹便便的样子吓着了。那么大个肚子腆着，不知道里面装着什么，拍一拍，还直晃悠。抬起头，镜子里的脸，也是胖乎乎的疙瘩肉……

　　镜子每天都照，但从来没有那天早上那么恐怖。

　　整整一上午，老卢都没有出门，而是在翻看相册。那些青春年少时期的照片，一张一张翻过去，就像时钟嘀嗒。"你不知道我当时的心情有多复杂！我怎么就变成这个样子了？什么时候变的？"后来老卢跟我讲起当时的心境，满脸的困惑。

　　"时间都去哪儿了？还没好好感受年轻就老了！"这句歌词绝对能唱到中年人的心坎上。曾经年少青春，满脸的胶原蛋白，每天有消耗不尽的精神，踢球、跑步，声嘶力竭唱那唱不尽的情歌。

　　但是有一天，突然就发现，这一切都消失了。除了去KTV，平时绝不唱歌。每天早出晚归大吃大喝，但绝不运动，回到家就瘫在沙发上耍手机。想当年眉清目秀，看而今满脸横肉，说的就是中年人的无奈感慨。

我和老卢是高中同学，住在同一间宿舍。那时候，他最爱打篮球，只要不上课，就一定在篮球场上。记得那会儿学校还建了一个灯光球场，晚上也可以打。几乎每天傍晚时分，都能在那里看到老卢。

为了增强体能，老卢经常拉着我早起去操场跑步。记得冬天的时候，多冷啊，我们也能早早起床，跑完再回去上早自习。学校在江边，有时候下着浓雾，对面来人都看不见，操场上只有我们俩的脚步声，多年以后，还是那么清晰。

其实，我们都不知道什么时候开始变的，直到有一天发现自己成了一个中年胖子。也许是为工作而奔忙，也许是陷于家庭的琐事，可是等到多年以后成为胖子，才发现一事无成。离开校园后的这些年，其实都白忙了。

就像北岛的诗句：那时我们有梦/关于文学/关于爱情/关于穿越世界的旅行/如今/我们深夜饮酒/杯子碰到一起/都是梦碎的声音……

这就是现实。人到中年，总会有时光留不住的惶惑，但在时间的洪流中，所有一切都已经被冲刷得面目全非。难道，我们真的只能听听梦碎的声音？

在那个早上，老卢决定开始改变。第二天清晨，他穿上跑鞋冲出了家门。

"虽然跑起来了，但真的找不到当年的感觉了。"老卢很感慨。那当然啊，那会儿青春年少，多好的精力和体能，身上没有一点赘肉，随便瞎跑一气，从来都不带喘的。现在那一身肥肉成了负担，脚步也沉重了，被香烟熏过的肺也不经造了。

说什么"愿你出走多年，归来仍是少年"，那不过是自我安慰罢了。在我的建议下，老卢认清了现实，以一个四十二岁"高龄"男人的状态，从零开始，制订了一个跑步计划。

一个月之后，老卢成了一个标准的晨跑中年爱好者，虽然不是什么奔跑的神鹿，但在早上一个小时的跑步中出一身汗，然后精神抖擞地投入工作，已经完全没问题了。三个月后，老卢的体重减轻了五公斤，看上去一下子清爽了许多。

三年过去，老卢还在奔跑，事业上也迎来了新的机遇。

后来我才知道，就在老卢四十二岁翻照片的那天，他被单位从领导岗位上撸下来了，而他决定辞职创业。所以他的跑步，是和辞职创业同步的。跑步让他度过了最艰难的时光，也为创业带来了全新的精神面貌。

老卢说，这是我人到中年迎来的第二春，而一切，都源于跑步。

每逢佳节胖三斤

　　春节收假的第二天早上，我很自觉地早起，开始了新年第一跑。虽然还是熟悉的节奏，但步子略微有些沉重，还是能感受到的。上班进电梯时，同事来了一句："胖了？"我则无奈回应："每逢佳节胖三斤嘛。"一电梯的人都会意地笑出声来。

　　中国的传统节日，大概是跑步健身人士的最大天敌。似乎没有一个节日，不是以大吃大喝来庆祝的。端午吃粽子，当然得配上一桌子酒菜；中秋吃月饼，不配上一桌子酒菜就不隆重。至于春节，从腊月二十三开始，一直要吃到正月十五。不但要自家请吃，还得上别人家去吃，你来我往吃上二十几天。

　　每年春节前半个月，就开始了各种团拜会。团拜会的意思，还是吃吃喝喝，吃饱了喝足了，这团拜的意思才算到了。

　　而像我这种老家在外地的，临到腊月二十八，还得赶回老家去，进入带着浓浓亲情的酒席之中。

　　我老家有个风俗习惯——除夕前和除夕后各有一轮吃喝。

过了腊月二十三就算进入过年了，直到除夕当天，这一轮的吃喝叫"团年"。一般都是自家人，再加上邻近的亲友，各家轮流请客摆席。所谓一家团聚嘛，还是很有浓浓亲情的。

而除夕之后，也就是正月，所谓初一不出门初二回娘家，从初二开始，就开始了"拜年"。拜年一般就是走距离相对较远的亲戚，是一种礼节。但因为要走的人家太多，所以大家约定一个日子，统一去某一家，这样彼此都可以省去一些麻烦。但因为人多了，酒席自然也隆重了。再加上正月里庆生和结婚的人多，于是直到正月十五前，大家就像吃流水席一般，一天不空。

在酒池肉林的包围下，想拒绝，有几人能做到？简直是威逼利诱啊。

而另一方面，跑步似乎也不得不停下来。

每天除了忙工作上的年终事务，还得赶各种团拜和聚会，在忙碌和吃喝之间难以挣脱，疲惫不堪，不知不觉间就有了惰性，早上不想起床了。

在中国人的心理上，至少提前半个月就进入了春节的放假状态。放假，就是啥都不干，包括跑步。整个人都松弛下来了，不是在团年，就是在团年的路上。到了春节期间，要么出游，要么赶回老家，走亲访友，就把跑步忘到了脑后。

那段时间，我都这样安慰自己："就这么几天不跑，没什么大不了的。"每天睡到自然醒，吃吃喝喝抢红包，确实很舒服。

但"成果"也是显而易见的。管不住嘴也迈不开腿，等到春节收假，往秤上一站，整整重了四公斤。据旁观者说，脸明显圆了一圈，而且油光闪闪。

再不跑，恐怕就回不去了。赶紧收拾心情，重新上路吧。

正月初八，虽然已经立春几天了，但早上的风还是寒冷割面的感觉，街边空气里弥漫着鞭炮和回锅肉混杂的气味。迈开沉重的步子，沿着河边奔跑，慢慢进入清新空气里，找到十多天前的感觉。

对于春节来说，恢复跑步意味着回到日常正轨。温情的阖家团圆，还有喧嚣的人情往来和推杯换盏，都已然过去，我们得开始新一年的工作安排和跑步健身，回到日常的生活节奏中。

生活总会有一些枝枝蔓蔓，既有脱离轨道的危险，也有偶尔放肆的快乐。没什么大不了的，重新跑起来吧。

跑瘦了，又胖了

　　跑步十余年，到底中断了多少次？我已经记不清楚了。我从来都不是个有恒心的人，也不打算为了励志的恒心把自己搞得很纠结。

　　实在不想跑了，就放弃一段时间，那又怎么样？想跑的时候再去跑就行了，路就在那里，没人会拦着我。但是，跑瘦了，却又胖了回去，有多少人能接受这种残酷？

　　在跑步之前，我已经胖了很多年。具体有多胖，不大好描述，直观地说，就算坐在那里，也会觉得累，弯腰下去拿个什么东西，真是一件特别辛苦的事。然后是睡眠很不好，一般夜里两三点醒来，就再也睡不着了，大概是因为代谢不好。

　　胖，不算什么坏事，但如果胖到影响健康，那就是坏事了。开始跑步三个月后，我肉眼可见地瘦了下来。精神面貌也得到很大的改观，虽然总是很早起床跑步，但跑完之后，全身充满了活力。而且跑了一段时间后，腿部和臀部的肌肉明显变得结实，体力增强，肺活量增加。一开始跑五分钟就喘，后来跑五十分钟还有余力。

但这还只是看得见的表象，身体内在机能的改善，才是最大的收获。半年之后的单位体检，查"B超"时我特意问医生："我的脂肪肝有没有加重？"他很惊讶："你有脂肪肝？"我说去年就有，还挺严重的。医生说："现在没有了。你是不是在锻炼？"我说在跑步。医生说那你太厉害了，还转头跟旁边的护士说："他居然把脂肪肝跑没了！"脂肪肝通过锻炼是可以消除的，这不奇怪。但也不是每个人都可以做到的，所以我很有成就感。

"良好的健康状况和由之而来的愉快的情绪，是幸福的最好资金……"斯宾塞说得没错。在很长一段时间，我都很享受瘦下来的状态。不像胖的时候，站着想坐着，坐着想瘫着。"葛优瘫"人人都会，可胖子瘫下来，就没葛优那么有范儿，因为葛优很瘦啊。

这样保持了两三年，然后不知不觉松懈下来，越跑越少，后来干脆有半年都没怎么跑。当初为什么会停下来，已经完全回想不起来了。生活中的很多事，大概都是这样被放弃的。不知不觉，如同温水煮青蛙，就彻底沉沦了。所以那么多人，在年轻时热爱运动，但随着年龄的增长，结婚生子，一个个变成了胖子尚不自知。

等到胖得非常明显了，亲朋好友都明里暗里提示时，我才回过神来——怎么又胖回去了？一旦瘦过，就很难接受再胖回去。痛定思痛之后，我决定重新上路，重新跑瘦。

我以为一切都很简单——既然上一次我能跑瘦，这次自然也是水到渠成。只要我跑，就不可能继续胖下去。

但是，事情没那么简单。运动减肥是很容易反弹的，只要你停下来，很快就胖起来，而且变本加厉。

我给自己制订了计划，完全采用最初的跑步节奏，包括每周跑的次数和距离等，想要复刻上一次减肥。但三个月之后，我只减了五公斤，随后进入平台期，体重始终保持在这个数字，再也回不到第一次的目标。

我不大明白这其中的科学道理，但结果就是这样。看到网上有人写体验文章，其中也有反复通过运动达到同样减肥效果的，但我就是没做到。

在此后的时间里，我也有多次中断又重新开跑的经历，但都没能找回第一次跑步减肥的效果。

当然，跑了十余年，虽然反反复复，但它早已成为了我生活的一部分，减肥，或者保持身材，已经不是最重要的了。很多时候，只是想跑而已，希望保持积极的生活状态。

跑步，不是为了当苦行僧，而是为了更健康快乐地生活。所以，健康、阳光，继续奔跑，就是全部的理由。

寒冬已去，春暖花开

那年冬天，成都难得地下了雪，连城里街边绿化带都铺上了。我们开车到龙泉山上去看雪，那些漫山遍野沉寂的桃树上没有一片叶子，每一根枝条上都是满满的积雪，所谓玉树琼枝，正是这样的美景吧。

回来的路上，看着雪景，心说要不明早上来个雪中跑？

但是到了第二天早上，我拉开窗帘往外看了看，雪还在下，于是回去缩在被窝里，再也不想动了。下雪天，这么冷，难道被窝里不是更适合待的地方吗？

很多时候，我们都自寻一些浪漫的理由，比如下雨天适合听音乐睡觉，下雪天太冷也适合睡觉，天太热适合在空调房里睡觉……理由千千万，宇宙的尽头都是睡觉——睡觉才是最浪漫的事。

从那个雪天开始，整个冬天我都没有跑步。只要不想早起，总是会找到理由的。

一个善于养生的朋友告诉我，中国古人说的"夏练三伏冬练三九", 那练的不是身体, 练的是意志, 严格说来是非常不科学的。就是说, 数九寒冷和三伏酷热下, 是不必跑步的。

这样的理由, 我当然想要啊。所以朋友科普说, 冬天气温低, 肌肉僵硬血液黏滞性也高, 在寒冷的户外进行剧烈运动, 可能刺激血压上升, 诱发心脏病, 比如心肌缺血和心律失常, 甚至是心绞痛和心梗。另外冬天空气质量也不好, 常常有雾霾等, 户外剧烈运动吸入这样的空气, 对身体并无好处。

真是把我说得一愣一愣的。其实以前也听说过什么秋冬要贴膘, 要以静养为主, 没想到还有这么些风险。至于三伏天冒着高温跑, 的确是不妥的, 时常有人在户外运动得热射病的。

这样一说, 何必还要为难自己呢? 不如好好睡个回笼觉。

其实, 我也并不是每个冬天都不跑。下不下雪, 温度也不是相差很大。但冬天跑步确实挺难的。

首先就是气温低, 跑起来真是冷, 寒风割面不说, 吸进去冷空气也非常难受。我觉得是真不健康。想在跑前热身, 也觉得冷, 只好赶紧跑出去, 让身体暖和起来。

还有一年遇上雾霾天, 跑完回来咳出一口痰, 居然是黑的。把我吓得不轻。

然后衣服也不大好穿。我很容易出汗, 但又怕冷。出门时穿少了觉得冷, 跑一阵又觉得热。只好穿着戴帽的卫衣出去, 甚至还得加一件薄夹克, 戴着手套。这样一边跑一边脱衣服,把夹克捆在腰间跑……

　　但这十多年，至少有那么两个冬天，我彻底没跑步，大多数的冬天，则是减少跑步的次数，以保持状态为主。

　　熬过了冬天，终于到了春暖花开的时候，我便再也懒惰不下去了。想象着河边的柳树快发芽了，贴梗海棠正要怒放，就忍不住要去跑了。

　　在春天重启跑步，当然是件很简单的事。因为一切都是生机勃勃的，温度再舒适不过了，吹面不寒杨柳风嘛。这时候去跑步，有一种苏醒过来的感觉，跃跃欲试，准备在新的一年好好干。

　　但这时候气温还不是太高，因为一个冬天没跑了，肌肉比较紧绷，关节也还没适应跑步的状态，所以我们在跑步前一定要注意充分热身。跑的时候在前两公里最好保持慢跑，让肌肉和关节慢慢适应了，再一点点提速，回到正常的状态和感觉中。

　　一年之计在于春。寒冬过去，春暖花开时重新开跑，也算是一种全新的开始，好好把握，便真的一年一年跑下去了。

狂风暴雨后，正是跑步时

夏天跑步，原本是比较容易坚持的，毕竟就算天气酷热，但也比冬天早上跳出被窝容易多了。但一旦进入伏天，天气真是热得不像话。今年成都的天气就是这样，感觉已经热出新高度，早上的时候，就算不动也是浑身大汗。

天气太热，晚上只好开着空调睡觉，到了早上半醒的时候，简直跟春睡差不多了。春天早上也是睡觉最舒服的时候，是比较难起床的。更何况，伏天的早上，像个蒸笼，既然舒舒服服睡在空调房里，自然也是不想起来了。

所以从前习武的人所谓"冬练三九，夏练三伏"，都是连在一起说的，说明这两个时间段都是比较艰难的。

那就只有一个办法——更早地起床。七点有太阳了，那就六点，六点不够早，那就五点。为了身体健康，我们也是拼了。记得刚开始跑步那年，因为起得太早，又觉得河边的小路上太寂静，我还在小区里的橡胶跑道上跑过。可那橡胶跑道实在是太窄，仅容一人跑过，偶尔还有邻居把自行车横在跑道上，实在跑不舒畅。

而在夏天，有一种情况是绝不能不跑步的，那就是雨后的早上。

成都夏天的雨后，空气比较清新，早上气温一般不高，要等到上午才会升温。所以，如果头天傍晚下了暴雨，或者半夜里电闪雷鸣狂风暴雨，在被惊吓的同时，也有高兴的地方——早上绝对是跑步的好时候。所以，我就直接拿起手机定闹钟。

早上五点半，闹钟响了，屋外没有风雨之声，知道判断没错。于是赶紧起床下楼。单元门外，潮湿的地上，遍布残叶。所谓"夜来风雨声，花落知多少"。没有花，叶也是风雨的痕迹。

活动一下四肢，慢慢跑去河边，一路都是潮湿的路面，空气中透着被雨水冲洗过的清新。这样清新的空气，在盛夏的城市里，是很难得的。据说空气中的负离子，有润肺作用。

最美的，大概还是芦溪河边。河边小径两旁，俱是翠绿的树木，和挂着水珠的草地。平常平静的小河，已然涨水了。浑黄的河水，从拦河坝处冲下去，竟然发出巨大的水响，让人误以为到了某处大江大河。慢慢跑过去，远了，又回到宁静的树林里。

河边散步的人，要六点钟以后才会多起来，现在偶尔出现的，都是特别爱运动而且身体还比较健康的老人们。他们大部分慢悠悠地在林间小径上散步，也有三两个突然来了活力，要慢跑一小段，让人看到他们年轻时的影子。

也有年轻的跑者，都是熟悉的面孔。只有常年跑步的人，才知道什么时候是最好的跑步时间，所以这样的机会，是不会放过的。这么多年跑步，经常和他们擦肩而过，也没有打过招呼，只是偶尔一个眼神，便心领神会。大家都是一路人。

跑到有些疲惫的时候，阳光便悄悄洒下来。一开始，阳光只是投在浑黄的河面上，过了一会儿，便穿透了树荫，投射到小路上来了。偶尔从树林间跑出来，太阳就晒到了身上，暖烘烘的，预示着即将到来的是一个大热天。

在七点钟之前，开始减速往小区跑，照例在水景池边放松，拉伸，准备回家收拾了去上班，进入普通繁忙的一天。

但是，在所有人忙起来之前，独自在清晨奔跑，就留下来只有自己才能品味的隐秘的快乐和满足。

跑在桂花树下

在户外跑步的人，大概最能感受到四季变换。而我居住的地方，恰好又是成都著名的花果山下，所以一年四季花开不断，鲜果不断。而到了秋天，有了桂花——与果实相关的花朵，有一种纯粹的诗意。

现在的城市里，桂花树大概是不缺的。毕竟，桂花树是很好的庭院树，所以大多小区皆种有。街道边上，也作为行道树来栽种。到了秋天花开时节，走一路香一路，很是让人沉醉。

早上跑步，从楼上下来，就在桂花树下做热身，压压腿，闻到桂花香，扭扭脖子，还是闻到桂花香。一路从小区跑出去，总是香气围绕。

平常跑步的小河边，也种了很多桂花树。这些树在平时我是不会留意的，因为不开花时，它们不过是些平常的绿化树的样子。有的树下安装了椅子，老人们常常坐在树下聊天，听收音机。但就是这些日常的树，开了花，便一下子惊艳起来。

桂花的花朵小，但满树花，也是很惊人的，尤其是丹桂更密集。但是，晨跑中的我，不过是一路奔跑，时不时任花香从鼻前飘过。

秋天的诗意，总是能让人留意。因为它少了繁花累累，又有秋高气爽的惬意，晨间慢跑，就会有特别的感受。这桂花的陪伴，便是秋天最大的诗意了。

其实，我们在奔跑中，并没有太多的杂念，所以也想不起什么关于桂花的诗来，但总觉得，诗意在心间涌动，随时要出来的样子。

桂花开放的时间不长，就像秋天，刚刚凉下来，不知不觉就会进入冬天。所以大概跑着跑着，某个清晨，突然发现桂花的香气不见了，又难免怅然。所谓好花不常开，大概就是这个意思吧。

如果说在桂花树下跑步，很是让人沉醉，那么一场秋雨一层凉之后，凉凉的秋天清晨，大概是跑步的最佳时候了。这个季节，如果偷懒，恐怕就要懒到明年去了。

下雨之后，秋天的凉意就真的到来了，气温也降到了二十多摄氏度，这个时节是跑步的最好时光。其实，跑步的时候，气温高到三十多摄氏度，对身体是不好的，跑起来的状态也不好。二十多摄氏度是最恰当的，无论是穿着上，还是体感上，都刚刚好，没有窒息感。

这个季节，早起是相对比较容易的，虽然天凉了，但还不至于赖在被窝里不想起来。早上出门，感受一下新鲜空气，对身体也是有好处的。

而再过一段时间，天气冷了，对于一些人来说，起床成了很困难的事。如果连秋凉的时候你早上都起不了床，到了冬天就更起不了床，到时候只怕会想："前段时间天气好，我都没跑步，现在这么冷，干脆不跑了吧……"

很多时候，跑步是一种习惯。只有在长时间的保持下，才可能形成习惯，甚至跑上瘾。这样的状态下，天气的影响就会降低。因为你热爱跑步，所以天气热一点还是冷一点，都不会影响。但是，一个并没有养成跑步习惯的人，是很难下决心在寒冬里早起跑步的。因为缺乏理由啊。

这一懒，非要懒到明年春天去。你会等到天气暖和了再跑，但是，暖和了没几天，又太热了……还有什么时候适合跑呢？

想一想，天凉凉的早上，在河边奔跑，一会儿闻着桂花香，一会儿看着枫叶红了，或者是银杏叶儿黄了……感觉就是一种诗意的跑步。这么美的时光，你都缺席了，就永远不用跑步了。

夜跑和《夜航船》

一天中什么时候跑步是最好的呢？有专家分析说，下午三点以后，是跑步的最佳时间。但这只会被人嘲笑。对于上班族来说，下午跑步完全就是一个笑话。除了专业运动员和不用上班的人，谁下午三点有时间来跑步？

不单是下午跑不符合现实情况，上班族连晨跑都成问题。每天早早要赶去上班，有的甚至一阵忙乱还迟到。而晨跑，加上跑前跑后的放松，加上洗澡等杂事，至少得一两个小时。那就意味着，你必须早上六点，甚至五点过就得起来跑步。大清早争分夺秒，对上班族来说，实在太难。再说睡眠不足白天上班精神也不好啊。

正因为如此，晚上跑步也成为一种选择。下班回家，吃了晚饭，休息到九点，出去跑上四五十分钟。在每座城市里，都有一群夜跑人。

我不大习惯夜跑。曾试过几次，大概九点出门，跑完回来发现很兴奋，根本睡不着觉。这也许是因为体质上的差异吧。

有的人跑完，身体疲惫很快入睡，我则血液循环加快，身体呈相反状态。

晚上出去跑步，相比晨跑，又是另一种体验。早上跑步，就算起得早，也是越跑天越亮，慢慢迎接阳光的到来。而晚上跑步，则一直在黑暗中奔跑，并无阳光可以期待。固然都有路灯，但到底还是"夜晚"的概念，无论视觉还是心理，甚至迈步的大小轻重，体验都是不一样的。

一般朋友夜跑，胆子小的，都在小区里转圈，毕竟跑到一些人迹稀少的地方，还是有些不够安全。这样的事故也出了不少。网上流传一个"成都十大夜跑圣地"，这些地方大多有一个特点，就是既有安静的跑道、优美的风景和适度的路灯，又相对离闹市区不太远。

因此，夜跑除了要做些准备外，比如早一点吃晚餐，避免饱腹跑步，还需要在安全方面下些功夫。一是不要选择过于偏僻的道路，人少灯暗，无论从哪个方面来说，都不是跑步的好地方。二是尽量找个同行者一起跑，彼此也有个照应。

但我偶尔也想，如果胆子够大，去我晨跑的河边小路跑，则实在有趣得很。夜色之下，越发安静，除了要看清楚路，实在有一种藏起来独自前行的感觉。连偶尔有散步的人靠近，也是影影绰绰，很有距离感。

这不免让人想起清人张岱的《夜航船》。书里记载的是，古人晚上坐船长途旅行，或三两旅人闲聊，或看着夜色下的江水呆想。独自夜跑，当然无法像《夜航船》那般，跟人闲聊天下万象。但"藏起来"的感觉，却和夜航船有些相似。夜色下，有一种更加远离人群的错觉，可以让你的思想走得很远，宇宙洪荒也是可以神游一番的。

所以在河边夜跑两个小时，相当于你神游过了很长的河流。"两岸猿声啼不住，轻舟已过万重山。"也是这般感觉吧。

另外，如果胆子小，你还有心思去想《聊斋志异》和《阅微草堂笔记》里的神怪传说，估计速度会提高一倍。

但这只是想一想，从安全角度来考虑，实在不值得提倡。

在吃和跑之间纠结

　　"还是不吃了。轰轰烈烈吃一肚子，明儿早上又轰轰烈烈地跑下去，这是何苦来哉？"一个刚刚减肥成功的人，突然掷筷长叹，绝不是故意要扫大家的兴。

　　同办公室那位刚刚三十岁的兄弟，最近偶尔长吁短叹，因为肚儿开始鼓起来了，脸蛋儿也开始圆起来了。中午在食堂大啖了一通回锅肉，走到电梯口，忽然叹口气说："要不，还是爬楼梯上去，消耗掉一点。"空荡荡的楼梯间，两个人的脚步声，加上越来越沉重的喘息声，像一个死死憋着的冷笑话。

　　这大概是"吃饱了撑的"那句俗语的最好注释，这些肯定也在你身边随时上演。这些年，我就一直过这样的生活，每日里坚持晨跑。忘记了晨跑，就用爬楼梯和爬山来弥补。这样做的目的，不外乎让自己不要重新胖起来。中年人的人生纠结大抵如此。但生活又岂止吃进去和消耗掉那么简单。

　　有时候想想，如今我们的生活，真正就是一个冷笑话。我们从来没有完全心甘情愿地去做一件事，折腾一番之后，就把自己置于一个麻烦的境地。要减肥，要健康，那你就心甘情愿在美味面前止步，要爱情你就不要太执着于一些身外之物，要淡泊明志你就必须学会放下那些杂念。什么都要想，当然是最纠结最辛苦的。

在百度问答里，有人在问："人在追求高尚与节制的同时，就会失去很多放纵的快乐与享受！人生这么短，值得吗？"有人回答："如果你一直追求放纵的快乐和享受，到最后会发现自己很空虚，一无所有。"这样的问答很经典，大概流传几千年了。

人性的矛盾大抵如此。对美味贪婪，又对身形之美十分敏感，又或者梦想长命百岁；对爱情一生期待，但又害怕投入和付出，梦想爱情物质双丰收而终生不得；愿意一生坚守信念追求理想，但又无法摆脱庸俗琐事的困扰，不免为五斗米而折腰……人们总是在放纵和自责中反复，在雄心和堕落中纠结。在这样的纠结中左冲右突，挣扎徘徊，最终活得气喘吁吁，找不到出口。

按照哲学原理，万物皆是矛盾的综合体，人亦不例外。而人最大的矛盾，大概就是精神和肉体、愿望和现实的矛盾。就像一个想要减肥的人，却要面对回锅肉的诱惑；一个要做世外高人的人，又必须面对滚滚红尘的勾引。这些最能击中人软肋的诱惑和勾引，有几个人能真正拒绝，淡定而不为所动？所以，有人说，一个人是不是聪明、够不够狠，完全在于他调和矛盾的能力，看他如何从无数的纠结中脱身而出。

当年葛优主演过一部电影，就叫《气喘吁吁》，讲几个身陷困境又心有不甘的人，心怀鬼胎互相算计，垂死挣扎至筋疲力尽。能够让人轻松的，还是放下杂念，敞开心扉。当两个中年男人坐下来，彼此倒出心中的苦水，才发现——哦，原来不用如此纠结，不用自己把自己逼到气喘吁吁。

只是，有谁能像葛大爷一样，一夜之间就了悟？爱美食和爱健康，爱逍遥和爱红尘……仍然气喘吁吁地爱着，纠结着。只好如此了。

偶尔做一次"机器人"

　　说到跑步健身，现在除了路跑一族，大多数的人都喜欢去健身房。因为健身房器材齐全，有专业的教练，当然，还可以顺便打望帅哥美女，或者秀秀身材什么的。但我这人，生活一向比较随性，对那种一本正经的健身计划，没什么兴趣，估计也很难按部就班去完成。所以，一直尽可能地选择路跑。

　　路跑，肯定是最舒服的跑步方式。但理想很丰满，现实很骨感。地球人都知道，前些年有时空气污染很严重，这就导致路跑无法正常进行。

　　既然不能路跑，又不愿意去健身房，买跑步机就提上了议事日程。买跑步机的第一件事，不是看跑步机，而是要考虑买回来放在哪里。像我们这种普通工薪家庭，家里空间不大，要塞一个跑步机，而且方便随时使用，并不简单。

　　而一个朋友则劝告我不要买家用跑步机，说家用的小型跑步机，跑带容易松动跑偏，再说也不如办了健身卡那样有约束力，过不了多久，就会弃用，剩下一堆废铁在家里，很不爽的。但我觉得，约束力这个东西，关键还是看自己是否有锻炼的动力，否则就算办了几万块的健身卡，最后还是让钱打了水漂。

最后的方案，是买一个可以折叠的家用跑步机。我家的阳台原本封起来了，已经有一头安装了书架和书桌，剩下的一头，倒正好塞一个跑步机。于是量好尺寸，在网上研究了好几天，才终于下定决心。

东西送来了，要自行安装，好在现在网售的东西，大多是傻瓜型，三下两下就弄好了。原本狭窄的阳台，塞了跑步机，看上去确实有些拥挤，但收起来的时候，还是可以勉强接受。所以，要在这里提醒一下打算买家用跑步机的朋友，买前一定要考虑清楚，尺寸也得量好，否则是个很烦恼的事。

试用了几天，感觉非常不错，至少在不能路跑的情况下，作为备用，已经够好了。家用跑步机的跑带虽然不宽，但还是够一个人放开跑的，而且可以调节速度，对于我这种习惯慢跑的人来说，完全足够了。

使用跑步机和路跑，很多人分析过它们的利弊，就我个人感受来说，使用跑步机肯定不如路跑舒服。这主要体现在跑动过程中的自我体验，比如跑步机上无法感受户外的风景，目之所及没有任何变化，再加上跑步机的匀速跑动很容易让人产生"机械"的感觉。就是说，你容易陷入单调重复的机械运动中，而不能享受到跑步带来的其他乐趣，比如路面起伏的变化，风景的变化，与陌生人擦肩而过的微妙感受等。

一直在努力奔跑，但最终还是无法抵达心中的远方。说的就是跑步机吧。

跑步机上的运动方式，实际上跟路跑是有很大区别的。所以就算你经常在跑步机上跑，重新回到路上时，仍然需要慢慢适应新的运动方式，否则会引起关节不适，甚至疼痛。

有时候，天气持续很糟糕，我就不得不经常在跑步机上跑，因此自嘲为"机器人"。好在这个机器可以让我在糟糕的天气里继续跑步，不至于中断太久而荒废。只要天气好转，我就会毫不犹豫地回到路上。

几年过去，我的跑步机并没有像朋友说的那样成为废铁，但也没有取代舒服的路跑。跑步机于我，就像一个汽车的备胎，只在无可奈何的时候才派上用场。不是随时使用，但也不可或缺。

这些年，成都的空气质量越来越好，用跑步机的时候也少了，希望有一天能完全废弃它吧。

第四辑
跑在西湖垂柳间

想起曾独自在那里奔跑过，还是有一点隐秘的快乐。

要跑一辈子！远不远？

跑步，真是一件生机勃勃的美好的事，不但减肥还健身啊。要是在网上搜一下，关于跑步的图片也是美得"冒泡"，不管男女，身材都好得无可挑剔，作奔跑状的腿部强劲有力，挂着汗珠的脸上挂满笑容和阳光……基本都是时尚杂志的大片范儿。但是，真正长年跑步，其实是件很苦的事儿。至少在你上瘾之前是如此。

回想当年那个早上，我拖拖拉拉地跑出门去，只是想试试能不能减肥。跑步该怎么跑，穿什么鞋，配什么衣服，我一无所知，也不知道自己到底能跑多远、跑多久，就是试一试。我穿着一双平常不怎么穿的普通运动鞋，一身居家的短裤和T恤，就是因为那个早上睁开眼睛时的一个念头，便跑出门去了。我太胖了，胖得坐那儿就喘，胖得食不甘味寝不能寐，跑步只为能甩掉几斤肉。

跑步并不简单，比如我跑了五分钟便开始喘，不得不走一段再跑一小段儿。即便如此，第二天仍是大腿小腿都疼。

还要不要出去？我在被窝里纠结了十分钟，才勉强起床。太小的肺活量，继续让我喘，而腿部的酸痛则雪上加霜。现在回想，已经不知道是什么力量让我坚持下去的。直到一周之后，终于能一口气跑十五分钟了，才勉强找到一点跑步的乐趣。一个月之后，体重减轻了，肚子不再鼓鼓胀胀，夜里也不再失眠。这些看得见的成果，让我有了比较明确的动力。

在我看来，晨跑实在是极为方便有效的减肥和健身之道。做起来很方便，不像球类运动需要约伴；不需要太高成本，有一双适合的运动鞋和运动短裤即可；甚至也不需要球场之类的专门场合，只需要找一条相对僻静的道路即可……我自认为从此便"参透"了，但现实远不是这么简单。

三个月之后，我减了十多公斤，从一个胖子变成了体形不错的"帅哥"，走起路来都自觉虎虎生风。同事和朋友见了，都是一声惊叹："呀，你怎么这么瘦了？"又看看我的脸色，再夸："但是很精神！"就目前这风气，无论男女，见面夸"瘦了"，都是十分讨喜的。我自然也免不了俗，心底暗自得意。但是，问题来了——冬天里，因为空气污染，只好暂停跑步半个月，然后，我发现自己的体重迅速反弹。

慌神了，赶紧又冲出去跑。跑到一半，突然想到一件特别绝望的事："既然停止跑步体重就会反弹，那我岂不是要一辈子跑下去？"一辈子，好远！哪怕每天跑六七公里，每年就得跑两千多公里，就算跑到七十五岁，得有八九万公里吧？比三个长征还多呢！

想想就觉得恐怖，可重新长胖更恐怖。只好闷头继续跑。跑到春暖花开的时候，就快一年了，而且闯过了最艰难的冬季晨跑。这时候，才发现跑步并不只有减肥的乐趣，还有更多的意味，比如独享奔跑中的几十分钟孤独，细心感受小河的四季变换，以及人来人往花开花败。

坚持跑了大概六七年的时候，因为各种关系，我一度几乎停止了晨跑。说几乎，是隔了两三个月想起来，断断续续又跑几次。但因为不是常态的跑，所以在我的理解中，是整整中断了三年。可能也因为年龄的增长，缺乏锻炼的身体重新发胖，在新冠肺炎疫情严重时，体重甚至超过了我跑步前。

但让我欣慰的是，我终究还是在跑。特别是新冠肺炎疫情缓和之后，我再次开始常态晨跑。希望这次能一直跑下去。

已经不再去想跑一辈子要跑多远的傻问题，也不再有早上起不起床的纠结，而是对跑步上了瘾，有时候因为天气原因一周没跑，便浑身不舒服起来。

想起一句话："傻子一样坚持，总会看见了不起的结果！"想必等我傻子一样跑到七十五岁，也会有一个了不起的健康身体吧。

越野跑，去山路上探险

邻居老何也热爱跑步，但他从来不在朋友圈晒路线图，而是发跑步的视频。他喜欢在山路上跑，跑步地图不足以体现他的独特，只有把脚步踏过泥土和杂草的视频发出来，才显得与众不同。

越野跑不是什么新鲜事，早就有热爱的人组团搞起来了，甚至国际田联还设有专门的比赛。社交媒体也总有爱好者晒出照片和视频，看上去确实非常炫酷。

但是，对于普通健身者来说，越野跑恐怕没那么简单。

因为住在山下，我们平常徒步爬山的时候比较多。但爬了一段时间山，老何觉得不过瘾，决定把爬山和跑步结合起来，把运动方式改成"跑山"。跑步的时候，他不在山下的河边跑，而是顺着小马路直接跑到山里去。我不大清楚他是一直跑，还是跑一会儿走一会儿。因为按我的理解，在爬长坡的时候，要持续跑的可能性还是比较小的。

但是他乐此不疲，还说比在河边跑有意思得多，鼓动我也去试试。我也想去试试，但没敢约他一起跑，因为我担心自己跑不了多远就要回来。

有时候，他也直接开车到山上去，跑完再开车回来。从他发的视频来看，他并不是在山上的马路上跑，而是在树林间的土路上跑，有时候还直接从杂草灌木丛间越过，似乎充满了野性。

有天早上，我越过小溪上的石桥，独自往山里进发了。这是一条不宽的小马路，早上没什么车，跑起来还算畅快。不过没跑多久，就开始上坡。这个坡至少有2公里长，而且坡度不小，平常我们都是走上去的。那天早上，我跑到一半的时候，就不得不改为走了。

跑完上坡，又开始下坡。下坡也不敢跑，因为感觉落脚的时候，对关节的冲击力度有点大，只好尽量轻一点。下了坡，我就在沟里跑了一会儿，再回来。自然，回来还是上坡，然后又下坡。而且回来时，路上的汽车多了起来，因为路窄，汽车贴身而过，害得我吃了不少的灰。

总的感觉，一趟跑下来，我就没认真跑多少，不是累得够呛，就是不敢跑太快。说实话，我没找到平常跑步的那种快感。给人感觉最好的，是沟里那一段——一边是山壁，一边是小河，独自在小马路上奔跑，山谷里空旷而寂寥，偶尔还能听到几声鸟鸣，有一点探险的意思，实在是很惬意。

事实上，真正的越野跑，并不是在公路上跑，而是像老何一样，去山里的土路上跑，专业的人还要备上指南针什么的。因为山里面的地形变化比较大，不但有上坡下坡，可能还有石头路和土路，甚至路上杂草丛生什么的，跑起来更不畅快。

但越野跑考验的是综合耐力，看上去更像是一种兴趣性的竞技活动。如果有兴趣，不妨准备一些专业的装备，跟同好们相约，一起去跑一跑，相信可以体会到很多乐趣。我想，大概跟山里徒步差不多吧，只不过强度更大而已。

越野跑，尤其是在荒山野岭的地方越野跑，有很多难以把控的地方，比如天气变化，比如后勤保障等。这跟平常在家附近晨跑，有着巨大的区别。

我比较喜欢在有一定变化的道路上跑，这比在跑步机上跑有意思得多。但是，普通晨跑健身，不宜在过于复杂的道路上进行，毕竟，我们的晨跑是带有休闲性质的，还是要把锻炼强度和舒适感结合在一起才好。村上春树喜欢的铁人三项，毕竟是正经的比赛，不是日常休闲。

人在旅途，想跑不易

国庆放假的时候，我们没走多远，去了邛崃的天台山，也不去什么景点，就打算安静地住两天，在附近山谷小溪边走一走就好了。因为要住两个晚上，也不用慌张赶景点，所以第一个早上，我便悄然起床，沿着山路慢跑了半个小时。

深山里空气富含负离子，早上的空气格外清冽，伴着晨雾鸟鸣，在山间小路慢跑，那种感觉实在难以复述。

这事我计划了很久，希望在旅途中，在一个完全陌生的地方跑跑步。但要实现很难，因为我们的旅途，常常忙碌不堪。

人在旅途，尤其是自驾出游，其实比宅在家里累太多，很多计划也容易落空。比如出门时带一本书，结果总是原样带回家来，一页也没有读过。在旅途中跑步，大抵也易如此。

令我印象特别深的，是贵州之行。三家人同行自驾，说好不用太赶，好好休息一下。而且同行有个兄弟，也是个跑步健将。所以到了黄果树附近的白水镇住下，我们就约好，第二天早上起来晨跑。旁边的人都笑，说赌你们起不来。果然，第二天睡到七点过，赶紧收拾往景区去排队，哪还有时间跑步？

又过了一天，住在织金洞附近的苗寨，颇为安静，我们再次雄心勃勃要早上起来晨跑，头天傍晚在外散步时还规划了路线，结果还是没跑成。这样的事，每到一个风景秀丽的地方，都会重演一次，结局都是一样。

在风景秀丽的地方跑跑步，是跑步者的向往。但自驾出游，特别是大群人马一起，除了开车和看景，还要应付众人，实在太累。每到一个地方，都筋疲力尽，只想好好休息。如果去景区，还得考虑游人多必须早早出发，甚至去景点门口排队。所以跑步这种略带闲情的事，反而不易践行。

大部分的景区，其实都在晚上封闭大门，只能住在附近，所以想到漂亮的景点去跑步，也是痴心妄想。如果运气好，住在附近一个相对安静的地方，倒也还不错。

如果想在旅途中跑步，最好的办法，就是一两个人同行，避开热门景点，找一个僻静的地方安静地待下来，如果一次能待上两三天，悠闲地玩，早上晨跑也就可以实现了。这样的情况，显然不能跟暑期全家出游相提并论。

还有一年，在青海湖，原本也是计划跑一跑的。谁承想，高原上的七八月，早上冷到让人无法想象，加上还担心高原反应，哪还敢跑步？走路都小心翼翼，不敢运动太激烈了。

所以旅途中的天气和地理环境，也是需要考虑的。毕竟到了一个新地方，完全有可能不适应当地的气候。一个常年在平原上生活的人，到了高原上就去跑步，实在有点找死的意思。

在天台山的那次跑步，让我怀念了很久。那时候，便想如果永远住在这里该多好。相比这里，在城里的街边跑步，那哪叫跑步啊？

不过，到了离开的时候，还是毫不犹豫地走了。在城市生活的诱惑，我们总是无法抗拒的。所以，对那些选择在山里隐居的朋友，我是颇为敬仰。

在旅途中跑步，虽然有诸多不便，但实在应该体验一下，才会甘心。

在老家村子里晨跑

跑步者大概都有一个经验，就是在第一次出门路跑的时候，会有一丝莫名的羞涩和尴尬。

第一次路跑，一个人一本正经地在路上跑着，总觉得所有人都把自己当怪物看，又或者自认为姿势不标准，跑得太慢，有点出丑的意思，不大自在。

但跑久了就知道，路人们忙着呢，谁有工夫看你跑步。再说了，城市这么大，晨跑时碰上熟人的时候，也不多。

所以，在城市里跑步，没什么好尴尬的。但是如果回农村老家去晨跑，其实真会有一丝尴尬的。

年休的时候，我回到老家看望父母，准备待一个星期。待到第二天，就打算跑跑步。农村空气清新，还新修了乡村公路，路宽车少，不跑简直浪费啊。

但是，我还是有一点犹疑——在农村晨跑，是不是有点"骚包"？

因为农村人根本不跑步，他们每天在地里劳作，运动量甚至远超部分职业运动员，哪还用跑步？我自小在这里长大，对农村人的生活状态再了解不过。这大清早的，不下地干活，而是去跑步，乡亲们恐怕会认为我是吃饱了撑的。

丹尼尔·利伯曼在《锻炼》一书中讲过一个故事，说原始部落的人对城市人专门跑步很不理解。丹尼尔问他们什么时候才跑步，结果他们回答说："追羊子的时候。"我老家村子虽然不是原始部落，但也从来没见人为锻炼身体而专门跑步的。

跑步减肥，本身就是吃饱了撑的。如果你天天下地干活，从来不为减肥操心，根本不可能理解这件事。

那天我起了个大早，换好衣服下楼时天还没大亮，却发现父亲早就起来了，早饭都快做好了。我只好说："等我跑完回来吃。"

农村人起得早，农忙时是想趁早多干些活，但不农忙时也习惯早起。天大亮还躺在床上，会有一种犯罪感。这是一种朴素而勤劳的生活方式。

出了院门，穿过竹林，我来到乡村公路上，刚刚开始提速，就迎面碰上二大爷扛着锄头走过来。看我匆匆忙忙的样子，二大爷很关切："大清早的，跑那么快干啥？"

我不知怎么给他解释，只好挥了挥手跑走了。

村里新修的这条路，为了照顾散落各处的住家户，所以弯弯绕绕、上坡下坎从所有人家门前经过。我要是沿着这条路来回跑，不但有可能频频跟人打招呼，而且有可能一个小时之后，全村人都知道我在跑步。这大概是本村有史以来第一人，"轰动性"不亚于上了新闻头条。

我只好往村外跑，转到连接县城和镇上的大公路上去。县城太远，往镇上跑吧，好像单程五公里，跑个来回刚刚好。

这是个聪明的选择，虽然大马路上偶尔有车经过，但只要靠边上跑，还是挺安全的。至少比跟众乡亲频繁打招呼，尤其是面对长辈们满脸的问号强一点。

就这样我闷头跑到了镇口，看了看App，刚好五公里多一点，于是买了两个葱油饼，高高兴兴拎着往回跑。进了村里的小公路，我慢下来开始步行放松，没想到又碰上二大爷。他对我的行为有些疑惑："你跑得满头大汗，就是为了去镇上买葱油饼？你不是有车吗？"

这次不好意思直接跑掉了，只好耐心解释："二大爷哩，我这是跑步锻炼。葱油饼是顺道买的，你要不来一个？"

二大爷很幽默，说："锻炼？你想使劲出汗啊？要不你等会儿来帮我挑粪水浇地？"

"还是不了。二大爷再见……"好险，差点把自己搞成苦力了。

跑步这件事，并没有想象的影响力大，至少村里并没有把它当成多大个新闻。没有人来问我，似乎也没有人跟我父亲提起。很多时候，所谓的心理压力，其实都是一厢情愿的胡思乱想。再说了，就算大家觉得在村里跑步很新鲜，问过第一次，也不可能问第二次，它终究会成为一件平常事。何必自寻烦恼呢？

实话说，在清早的空气中，奔跑在熟悉的田野间，那种感觉跟在城市街道上跑步，是完全不同的。或者说，有一种特别的温馨和感动。

只是欢喜，但似乎找不到合适的词语来解释它。

跑在西湖垂柳间

西湖在杭州市中心，作为一个景点，总是给人人山人海的印象。所以很多游人赶早来到西湖，为了趁人少时在湖边逛一逛，感受一下淡妆浓抹总相宜的湖光山色。

我也起了个早，还打了个车，从二十多公里之外，赶到了断桥边。才早上六点半，但是桥上已经有两三个人，在垂柳间张望。来时正是六月，自然没什么断桥残雪。但是也不得不感慨，那真是"莫道君行早，更有早行人"哪。

到西湖边去跑跑步，这事我预谋了很久。但平常忙于工作，也没时间专门去杭州跑步。但因为有一个到杭州出差且能待四天的机会，于是就真正开始计划了。

但是到了一看，开会和住宿的酒店离西湖还有二十多公里，而且议程安排得很紧张，每天早上九点到下午五点，排得密密麻麻的，连溜出去逛一逛的机会都没有，更别说跑步了。

只好奢侈一把了，打车去，跑完打车回。

下了车，稍微活动一下，从断桥处直接开跑，沿着白堤，从博物馆、西泠印社门前经过，过了苏小小墓，绕到了苏堤上，最后在苏东坡纪念馆门前终止，一看手机，竟然刚好五公里。还得赶回去开会，只好打车往回赶，中途小堵了一会儿，还好准时走进了会议室。

在一个陌生的地方，一个风景如画的湖边跑步，那种体验是很新奇的。

正是一天中最宁静的时候，微风轻拂，似乎把凉凉的水汽吹了过来，因此空气也是潮湿的。白堤也好，苏堤也好，都干干净净，垂柳悠悠，仿佛在一片空灵中奔跑。我一直很疑惑，处于闹市的西湖，何以能长久保持如此干净的状态，而很多穿城而过的河都是一渠污水。

在这样的环境下，速度和距离都不重要了，只想跑慢一点好好享受。所以刚上苏堤的时候，在路边草坪发现一只松鼠，干脆停了下来。这只胖乎乎的松鼠，显然受到游客们的喜爱，每天获得的吃食不少。可它还是在没有游客时出来了，大概也要享受一下宁静的西湖清晨吧。

后来又在一株巨大的柳树下坐了一会儿，面向浩渺的湖水，沉思了片刻。到底还是有世外之境的感受。

跑到收工时，碰上另一个跑步者，闲聊了几句。他是住在附近的居民，已经在湖边跑步七八年了。听说我是专程来跑步的外地人，他不禁莞尔："以前也碰到过，还有人住在湖边的宾馆，专门就为了方便在这里跑一跑……虽然有点矫情，还是欢迎你们啊，哈哈。"

不但矫情，简直就是行为艺术。相比在家的日常跑步，这一趟不但成本高，而且跑的距离不远、速度不快，如果有观众的话，简直就是一场秀。其实早一点去散散步也是可以的。

但这样的事，我觉得还是可以体验一下的。后来第二次去西湖，正是上午的高峰期，到处都是人山人海，拍个照片都难避开人群，相比清晨的宁静，体验还是有很大区别的。

后来我爬到雷峰塔的高处，眺望西湖，舟楫点点，被垂柳守护的白堤苏堤，在水波之间延伸，想起曾独自在那里奔跑过，还是有一点隐秘的快乐。

荒无人烟的山沟

似乎是天性吧，生而为人，潜意识里总有一点冒险精神。比如还是小孩子的时候，就喜欢捉迷藏，或者去荒废的老房子寻宝，甚至晚上去坟场练胆量。外出旅游，如果有机会，也愿意去穿越丛林，或者探一探神秘的洞穴。

但生活中并没有那么多探险，大概只能寻找有一点探险意味的活动。比如独自去山里远足，甚至，在荒无人烟的山沟里跑一次步。

我居住的地方，是龙泉山下的一个古驿镇，但它并不是一个与世隔绝的地方，反而很是热闹，是一个跟成都市区通过地铁和快速通道紧密相连的现代卫星城。所以我并不是生活在深山老林里。想到山里去徒步，是一个不小的工程。当然，我不是说沿着健身步道去爬山，而是完全往荒山沟里去。

在一个春天的周末，我突发奇想，背了个背包，顺着跑步那条道，就往山里去了。我试图去探索一下，这座每天矗立在我视野中的山脉，除了那些景点之外，到底还有些什么。那天顺着窄窄的乡村公路，在山里走了三个多小时，穿过一个个山谷，翻过一座座山岭，也在小小的村落休息，买一瓶水啥的……

这跟平常的旅游完全不同，也跟一群人在荒山野岭徒步不一样。因为它更接近山里的人间烟火，你能看到在地里劳作的农人，在院子里编竹篓的大爷，在路边闲话的村妇。不热闹，也不寂静，才是真实的山里的样子。

那天之后，我一直想去山里跑一次步。不是越野跑，就是在没什么人的农村山沟里跑一次，看起来有点探险的意思，但绝无危险存在。

有一年，两家人相约去天台山玩，正好住在山谷的民宿，头天傍晚散步，我就发现，那里很像我想象的那种可以跑一跑的地方。

整个山谷只有一条窄窄的马路，一边是沿着谷底蜿蜒的河流，另一边则是山壁，连一条支路都没有。不知道天刚蒙蒙亮时独自在这里跑步是什么感受。

跑步如愿进行，等我从民宿来到河边时，天真的还没有完全亮，天空一片黛青，河水哗哗的声音特别清亮。好在马路还是看得清楚的。简单活动热身了一下，我就朝着还不甚明朗的山谷里冲去。

静，特别静！虽然有河水和脚步的声音，但你还是觉得很静。因为那声音太纯粹了，没有一点杂音。马路上既没有车，也没有人，只有我孤独的身影在移动。而马路有一点潮湿的感觉，脚步踏上去，比橡胶跑道还舒服。我甚至连目标都没有，准备跑得有点累了就回来。毕竟我也不清楚这山沟里的标志性建筑，不知道跑到哪里是多少公里。

跑着跑着，天就慢慢亮了，除了流水声和脚步声，还多了鸟鸣声。所谓幽静，大抵便是如此了。阳光从天空洒下来，河面上都是阳光，但山壁下还是一片阴凉。

回想起来，当时的感觉根本不像在跑步，而是在仙境里飘飞。对，是一种轻盈的飞起来的感觉。不知道跑了多久，到了一块大石头的旁边，终于有些跑不动了，我这才转身慢慢往回跑。

回到民宿时，大家刚刚起床准备吃早餐，见我满头大汗的样子，都佩服得不得了。我却笑一笑说："你们不跑，至少也该去河边走一走。无论如何，那空气也比房间里清新很多啊。"但是，谁又舍得那一场舒服的懒觉呢?

跑不掉的隐疾

"隐疾，衣中之疾也。"实为不愿示人的难言之隐。虽说"人吃五谷杂粮，难免一病"，但有几人能面对身体之疾而无动于衷？

2011年初夏，例行体检中某项指标异常，把我吓得够呛。那种滋味，恐多年都不敢忘。这是一项关于肿瘤的指标，一旦异常，则意味着可能患上了癌症。彼时我拿到检验单，脑子里一片空白。十分钟之后，开始在脑子里设计各种告别场景，如何告知父母，如何为妻儿留下后路，甚至如何在最后时刻知会一声多年前的初恋……至于偶尔想起上星期才定下的一些计划，不免淡淡苦笑，赶紧收回思绪——可能没有以后了，还要什么计划？又跑到网上四处搜寻资料，跟自己的身体状况一一对照，一知半解，越看越害怕。

常看到一些励志文章，说什么人在绝症跟前面不改色，想想真是太假。人生而惧死，怎么可能不害怕？只是反应各异、程度不同而已。我那个异常指标，也是跑了好几家医院，终于才勉强有个说法，医生认为暂时并没有完全达到肿瘤指标，只需随时观察而已。

这一惊，吓得不轻。原本不大抽烟，戒掉不为难，而偶尔喝的酒，只好彻底戒了。这一下，搞得人生真是无趣，生命灰暗。接下来的夏天，朋友几家相约自驾前往若尔盖大草原，出门前竟然颇有悲壮感："这会不会是最后一次远行？"到了目的地住进藏家乐，本该大块吃牛肉大碗喝青稞酒，我却一改常态，滴酒不沾。多年的兄弟都觉得奇怪，反复追问，我又不愿让他们担心，只说高原反应不敢喝酒。一趟下来，虽然玩得欢快，却总是遗憾相随。

除了不沾烟酒，晨跑也更勤快了。三个月下来，竟然生生减轻体重十多公斤，各种指标也开始恢复正常。但那个最要命的指标，仍是一动不动。心中忐忑，一时难以减轻。

偶有夜读，看到梁文道的一篇随笔《我的病历》，他悠悠列出相随自己多年的疾病，诸如皮肤敏感、尿道拉伤等，又说"病变是最与自身血肉相连，却也最不属己的异物"。言下之意，虽然受伤的是自己，实为造化弄人，无奈至极。这个在电视上侃侃而谈的大叔，几近完美，有谁能想到他竟也是隐疾相随？如此找到同病相怜者，我心里便平衡一些了。所谓人无完人，金无足赤，于身体而言，隐疾或者就是那不完美的瑕疵，让人忧伤的遗憾，又怎能完全避免？就像一颗有个斑点的宝石，如果一直执着于去斑而层层打磨，最后的美丽该多单薄？

　　身体如此，生命亦如此。总有读不完的书，庸常如我，孜孜不倦地求索，不过是为个心安，又岂是妄想穷尽天下文章，做个前无古人后无来者的大圣人？如此一想，便释然很多。

　　想一想，日子是要过的，总不能每日恍惚，夜夜失眠。年岁在增长，我终不能清除身体里的隐疾，让自己干净得像个透明的婴儿。

　　多年过去了，我还是我，酒仍是不喝，晨跑仍在坚持，只是不再纠结于那个可疑指标，非要让它回到完美才罢休。我本非完人，又岂仅身有隐疾？不执着，得轻松。

晒一晒又何妨?

跑完步,在微信朋友圈发一张路线图,或者几张风景照,甚至是动态的视频晒一晒,已经是大多数跑步爱好者的习惯。

当然,跑步路线图中,还有很多信息,比如奔跑的距离、速度、时间和步频,甚至消耗的卡路里,整个就是"运动隐私"。但大家还是乐此不疲地晒。毕竟,运动总是一件积极向上的生活方式,是值得炫耀的。何况,跑步现在是一种时尚的生活方式。不要说跑步了,就是一天走了一两万步的路,也要晒一晒的。

但是我的朋友老肖,跑完步就不大喜欢发朋友圈,有一次还调侃我:"你跑步就是为了发朋友圈吗?"我也不知该如何回应,觉得大可不必如此吧。过了几天,我在抖音刷到他发的跑步视频,而且发现他几乎每次跑完都发。原来他转战抖音了。难道发抖音的就可以鄙视发微信朋友圈的了吗?

后来我又玩了一阵小红书,发现大家在上面晒的更多。健身的、下棋的、写字的、读书的,真是应有尽有,让人感觉现在的人生活好丰富啊。至于微博，更是比较"资深"的晒生活平台。网上有个段子说，朋友圈是用来集赞的，没什么意义。其实点赞也是一种社交方式，不一定非要排斥。

虽然方式不一样，大家却过着大同小异的生活。这就是社交媒体时代的现实。

晒一晒自己的生活日常，已经成为很多人的习惯了——吃的晒，玩的晒，旅游晒，甚至加个班都晒。你能说不好吗？

就我个人来看，还有一个值得晒的，就是读书。虽然现在的人读书的时候少，但是偶尔读一会儿书，也要拍个照片在朋友圈晒一晒，一是显得有闲情逸致，二是显得还挺有文化品位的。

有人认为，真正读书的人并不晒自己读书。上次和朋友聊起，他也说现在的人做什么都是为了炫耀，比如说跑步，可能不是为了锻炼身体，而是为了跑完之后发一条朋友圈。而读书，可能根本就没读，就是拍了一张照片发朋友圈，发完就继续耍手机了。

我觉得这是偏见。读不读是一种生活态度，晒不晒也是一种生活态度。哪怕他读得少，总归是在读嘛。读书，是很健康向上的生活态度，这一点是没有错的。

刚才看到一篇文章说，现在这个社会，你再也不能以自己读了多少书来彰显文化品位了。因为获取信息和知识的途径太多了，看不看书都无所谓了。当然，我不同意这个观点。一些系统化的学习，还是需要认真读书的。其他途径，则更多是获得快捷资讯。

所以在朋友圈、抖音和小红书等社交平台上晒跑步和读书，没有什么不好的。毕竟跑步和读书，都是一种积极而热情的生活态度。不管是不是为了炫耀，总的来说，它们是给身体和精神带来了益处的，至少比晒钻石晒包包炫富有营养吧。

在这个社交平台成为生活的一部分的时代，我们的各种生活状态都呈现在朋友面前，而选择呈现什么，实际上是你选择了什么样的生活状态。跑步、健身和读书，这样健康、积极而乐观的状态，是值得鼓励的。

晒，本意就是主动社交。跑步和读书这样的生活，原本就是可以交流的话题。在朋友圈里晒一晒，大家一起讨论和互相激励，还能结识同道，实在是一件大好的事情。比如有的朋友，还建了各种爱好主题微信群，相约一起爬山、徒步或者打球，不是挺美好的吗？

绿道，绿道

终于还是决定去绿道上试一试。

这座城市，到处都在建绿道。过了一阵，发现它终于建到我家附近了。原来路边杂草丛生的空地，被打理出来，弄成了绿化带，布置了一些小景点和体育设施，沿路铺设了跑道，红蓝相间的颜色，看上去挺赏心悦目的。

抽空走了走，感觉有三四公里。但白天游玩的人很多，不知道清晨会不会安静一点。

我一直在河边跑，并没去绿道，也许是长度太短，也许是担心晨练的人太多。又过了两年，绿道越建越多，干脆建到了离小区门口一百米的地方。几个方向的绿道连起来，至少也有七八公里了吧，完全够跑的。

有一天早上，我就掉头往绿道上去跑了。总得感受一下，要不然怎么对得起规划者的一番好意呢？

在绿道上跑步，有一种比较正式的感觉。因为被涂上蓝色红色的路面，颇有些正规比赛场上跑道的感觉。偶尔，又来一点曲折的小径，再加上路边绿树红花，环境很不错，让人感受到一点诗情画意。于是，便想到这座城市最近几年的目标——建一座公园城市。或者，这就是生活在公园城市了？

前几年，政府部门公布了一个城市绿道的修建规划，似乎总长度有一万多千米。而这些绿道，除了建在居住小区附近方便大家散步休闲外，还将串联起多个大型公园。比如有一条一百多千米的绿道，将串联起绕城高速两边的几个大型公园。

而且，这件事已经实现了。很多人沿着这条绿道去骑行，围绕城市骑上一整圈，感觉也很酷。据说有跑步大神也想去尝试。但我觉得一口气跑完的概率很小，毕竟相当于两个半马拉松的里程了。体力不支的话，跑一半找个酒店住一宿，第二天接着跑，也挺有意思。

而我们更多能够体验到的，就是这些建在住家附近的绿道，可以跑步，也可以散步，生活环境有明显改善。上个周末，听说附近新建的公园也开放了，过去一看，新公园不但很漂亮，还通过绿道天桥和隧道，和对面的体育公园连在了一起，成了一个超级大公园。漫步其间，完全可以远离城市喧嚣，很是惬意。我准备找个时间，好好去跑一次。

无论如何，城市绿道的被重视，其实是城市建设在人文关怀上的回归。

曾几何时，我们的城市，似乎都是在为汽车而建设，修更宽的马路，为减少红绿灯而建高架桥，或者建下穿隧道。而人，则走人行天桥，或者干脆也走地下通道。仿佛整个城市，都在围着汽车转。

但是，城市，是人的城市，它首先应该是为人的日常生活服务的。而日常生活，并不只是开着车在街头狂奔，还有慢慢地走，或者骑着自行车，看看街景，呼吸一下新鲜空气。但这些，之前的好多年，被忽略了。别说自行车道，连人行道都被压缩了又压缩。

城市绿道，除了有人的慢行系统，还将有生活景观的配置。人们可以骑自行车，也可以散步和跑步，在绿道的咖啡馆闲坐，在书店阅读。这样的城市，才是回到人的本身的。

我们一度以为，快才是城市生活的根本，但后来发现，快得太多了，我们需要慢。所以，这两年，骑车流行，人们突然明白，其实并不是每一步都要坐车，甚至，慢下来，走一段路也很好。所以，微信里晒步数，也成了一种流行。

城市绿道的人文关怀，对跑步者而言，更是让人充满期待。毕竟，在城市里的大马路边路跑，就算是早上，也是有很多灰尘的，并不太适合。相信有了城市绿道，这一切，将可以慢慢得到改观。

什么是跑步圣地？

大概每座城市都有"十大跑步圣地"，至于是谁评出来的，无从得知，但跑者们都津津乐道。甚至还有全国十大跑步圣地的榜单，不知道有什么用。难道一个晨跑爱好者，还要到全国各地的固定跑道去打卡？

跑步是最简单的运动之一，如果住家附近有环境好的跑道，那自然最好不过。比如不要过于靠近大马路，不要有太多红绿灯；最好是可以有减震效果的沥青路，而不是硬邦邦的水泥路；坡道设置比较合理，不能一直在冲坡；路面干净，没有杂乱的石头和小坑之类。在安静的跑道旁，有些红花绿树和溪流，跑起来心情愉悦，才是真正的美好生活。还有一点，当然就是安全——安静不等于偏僻，如果没有安全保障，跑步就成了涉险。

有了这些条件，应该就有机会列入跑步圣地了。

这样的跑步圣地很多，但却很难成为你的日常跑道。它那么美，却在离你很远的地方，这就是现实。

比如在成都，一般的"十大跑步圣地"榜单，都包括了桂溪生态公园、锦城湖公园、青龙湖湿地公园和东湖公园等，但每一个都距离我三十千米左右。除非对"打卡跑步"这个行为特别痴迷，否则很难想象开车跑那么远，就是为了去跑一次步，然后还得一身大汗地开车回家，才能换衣服和冲洗。

我的一个朋友住在青龙湖湿地公园附近，他每天晒出来的跑步路线图，都是绕湖奔跑，再配上几张湖光山色，甚至水鸟飞翔的美景照片，实在令人羡慕。感觉他不是在跑步，而是在旅游。据说公园还专门搞了自动存物柜，如果远道而来跑步，还可以把换下的衣服存进去，很人性化。如果再搞一个淋浴中心，那就更舒服了。

话又说回来，其实大部分的人，可能并不居住在这些跑步圣地附近。但在我看来，每个人都可以有自己的跑步圣地——离家近，安静而安全，有不错的景致，最好移步换景，能给跑步生活增加一些乐趣。时光流去，树也好，花也好，它们并不是一成不变的，所以每天都有新的景致。

我经常跑步的小河，四季也是不同的。夏天，特别是暴雨之后，总是浑黄的水往堤坝上冲去，搞出一点大江大河的气势。但到了冬天，整条河就安静了，浅到能看到河底。最美的是春天，水草都绿了，在水里漂来荡去……海棠、桃花、洋紫荆等四季开不断，柳树绿了又黄了，银杏在秋天一片金黄。这样的跑道，也是美的，而且是我自己的跑步圣地。

其间，因为陪读租住在另一个小区，大半年时间里，我都只能在大马路的人行道上跑。人行道都是铺的地砖，比较硬，遇上下雨踩下去还可能有坑。最不好的一点，自然是靠近机动车道。早上起床略晚点，就可能在跑步时赶上高峰期，可以说一路吃灰。跑到路口的时候，还可能等上两分钟红灯才能通过，影响跑步节奏。

虽然如此，还是将就跑一跑，总不能环境不好，就放弃锻炼吧。

所谓跑步圣地，也不必过于高要求。跑步之所以受欢迎，就是因为简单，不需要球场，也不需要队友，甚至也不需要专业的设备。如果我们刻意追求所谓的跑步圣地，那就失去了日常锻炼的初衷。

有时候看到学生在操场绕圈跑步，觉得也很好，形式简单，目标明确，没有杂乱的念想，一如学生时代的单纯。跑步初心，亦应如是。

跑步还要读书？

坦率地说，我选择跑步，除了健康的原因，很大程度上是受村上春树随笔《当我谈跑步时，我谈些什么》的影响。刚刚在书架上翻了一下，我在2010年11月买回《当我谈跑步时，我谈些什么》来读，而正式跑步是在2011年的5月……

在相当长一段时间里，我都非常喜欢村上春树的作品，陆续买了二十多本他的书，从小说到随笔都有。所以那时候买这本谈跑步的随笔，并不是爱跑步，而是因为是村上春树写的。

作为一个偶尔写写小说的人，对这个自称"跑步小说家"的家伙，多少还是有些认同感的。而《当我谈跑步时，我谈些什么》这本书，尤其适合爱跑步又爱写小说的人。村上春树谈了自己多年来每天坚持跑步，而又笔耕不辍写小说的生活。跑步需要坚持的勇气和耐力，写小说也是一样。铁人三项和马拉松，是村上春树最热爱的两种运动，他甚至到世界各地去参加比赛。只熟悉他小说的人，对此可能会感到惊讶。

勤奋，而且从容，无论是作为作家还是跑步爱好者，村上春树都是值得尊敬的。大概是受了他的影响，我才真正开始跑步。因为发现自己的健康出问题时，我已经跑了差不多一个多月了。这一切看上去都合情合理。

村上春树谈了很多写作方面的事，跑步倒说的不多。所以跑了一段时间，我又买了乔治·希恩的《跑步圣经：我跑故我在》来读。乔治·希恩是一名心脏病专家，在45岁的时候重新穿上跑鞋，成为世界知名的跑者，完成了很多次马拉松比赛，也在刊物上撰写专栏谈跑步，成了一名跑步作家。

我大概也希望成为这样的人，所以才写了一堆跑步方面的随笔。这是热爱写作者的通病——生活中的一切，总想写下来与人分享。

和赫尔伯特·史迪凡尼那本《跑步圣经》主要谈跑步训练的技术甚至装备的选择不同，乔治·希恩更多是在谈自己重启跑步的心路历程，以及关于人生的哲学思考。他因此被称为"跑步界的导师和思想家"，《跑步圣经：我跑故我在》也被誉为跑步界的"哲学圣经"。

以我个人的经验，人到中年之后运动能力是在减弱的，无论是速度、耐力还是爆发力，都不如二十岁时。所以，乔治·希恩在四十五岁时重启跑步，并且完成了二十次波士顿马拉松赛，最让人佩服的，可能不是他的技术，而是支撑他跑下去的信念。关于跑步的技术，已经说得太多了，很多时候，我们需要的是内心对跑步的认同。而这一切，来源于你是否思考过为什么而跑。

美国哈佛大学生物学教授丹尼尔·利伯曼，被称为"赤足教授"。他的《锻炼》一书并不讲跑步技能，而是研究了体育和锻炼的区别。锻炼并不是人类的本能，而是为了弥补人体运动量的不足。原始人类每天到处奔跑打猎，是不需要锻炼的。他们能不跑就尽量不跑，能坐下来就想办法坐下来。懒惰才是人类的本能。当有了汽车等交通工具，人类长时间保持静态，比如坐在那里不动又吃饱喝足了，才通过锻炼来满足身体的运动需求。他还分析了跑鞋对脚的损伤，认为人类赤足跑步对关节的保护更有利，等等，给读者很多启示。

在读过《锻炼》之后，我就再没读过其他关于跑步的书了。偶尔也在网上看一点跑步方面的指导文章，但觉得意义也不是太大。这些年，出现过很多跑步App，这些App上有很多跑步方面的技术知识，从热身到跑姿，到跑完后的拉伸训练，都是视频版的亲身示范，完全足够一个普通跑者学习的了。

而市面上关于跑步的书，大多是技术和训练方面的，在当下这种资讯环境下，没有太多必要去读。

我跑，故我在！而不是"我跑，故我技术好"。

《小鞋子》——最纯粹的奔跑

关于跑步，关于马拉松，有很多著名的电影，比如《永无止境》《长跑者的寂寞》《一个人的奥林匹克》《马拉松》等，而且很多都是根据真实人物的故事改编的，不可谓不感人。

但给我印象最深刻的，却不是专业的跑步运动员的故事，而是来自伊朗的一部小成本电影《小鞋子》。在我看来，再也没有比这更纯粹的跑步比赛和奔跑梦想了。

《小鞋子》是1997年上映的电影，直到如今仍然是经典，每看一次，我都感动到泪流满面。主演是两个孩子，没有大场面，没有特效，就是安静地讲了一个故事。我想，这才是电影最本质的一面，也是我们热爱电影的理由吧。

豆瓣评分9.2的《小鞋子》，讲了这样一个故事：

阿里在去帮妹妹取修理的旧鞋时，把旧鞋弄丢了。但家里很穷，他不敢告诉父母，只好央求妹妹穿自己的鞋去上学。他们只剩下了这一双鞋，所以上午妹妹穿着去上学，放学后狂奔回家，在半道上把鞋给阿里穿上。阿里为此迟到，差点被开除。

贫穷的家庭，生活总是不顺利。阿里的妈妈生病了，爸爸挣的钱不足养家。但他们很有骨气，家里明明没糖了，而祭神的糖就在面前，但他们就是不占一点便宜。邻居大爷把一些园丁工具送给了爸爸。爸爸带着阿里去富人区帮人整理绿化，好不容易挣一点钱，却因为自行车刹车坏掉，父子俩摔倒受伤……

市里开展一个长跑比赛，第三名可以得到一双运动鞋。阿里几经曲折报上了名，准备获得第三名，送给妹妹一双鞋。在努力奔跑的过程中，他一直保持第三名，但最后却阴差阳错获得了冠军。冠军的奖品，不是他想要的鞋。没有获胜的喜悦，他哭了。回到家里，仅有的一双鞋最终跑坏了，看着妹妹失望的眼睛，他无言以对……

就在此时，爸爸正在往家里走，自行车上绑了两双鞋，一双女鞋，一双男鞋，那是他给两个孩子的礼物吧。这个家庭，从父母到孩子，他们虽然贫穷，却都有担当和勇气，所以，总能看到希望……

跑得快不快，并不重要，重要的是，为什么而奔跑。阿里的奔跑，是为了爱，为了幸福和梦想，所以值得每一个人尊敬。

另一部跟专业跑步没什么关系，却因为"跑"的精神而闻名于世的电影，是美国电影《阿甘正传》。

阿甘从小显得有些傻气，为了躲避别人的捉弄，他听从朋友珍妮的建议，开始练习跑。跑，成了他的精神支柱，成了他奋进的动力。他跑进了大学，跑成了橄榄球明星，经历无数辉煌和挫折，始终保持纯真的初心。

后来，他找回了珍妮，珍妮却在投入他的怀抱之后，再次消失。失落的阿甘再次开始奔跑，并且跑着横穿了美国，震惊全国。他最终还是停止了奔跑，回到故乡后，终于和珍妮，还有自己的孩子度过了一段幸福的时光……

阿甘的奔跑，反映的是一种纯真的初心和永不言弃的精神。一个别人眼里的傻笨孩子，在无休止的奔跑中找到了自己的价值所在，找到了人生的方向，也在奔跑中度过了人生的低谷，守得云开见月明。

就像跑步不是为跑步，看跑步的电影，我们也并不是在看别人跑步，而是在寻找奔跑的意义，和那永远在路上、努力永无止境的精神信念。

看别人跑得多好，我为什么要放弃呢？

第五辑

擦肩而过的人

只在擦肩而过时，偶尔眼神交汇。

当慢跑变成赛跑

不知道什么时候，我的朋友德哥也开始跑步了，而且每次跑完都在微信朋友圈晒线路图，十公里起跑，并附上几句关于胖子的励志鸡汤。搞得停跑半年的我很是惭愧。

德哥住在我家附近，两家隔了两条马路，外加一条窄窄的芦溪河。我的日常跑步线路就在芦溪河两岸，两座小桥之间。于是有一天早上，我们在阳光下相遇了。

看过德哥的朋友圈，知道他的线路跟我不大一样，仅在河边的一小段有重叠。我在两座小桥间沿着河边的小径，跑一个大约两公里的圈。而他则要绕着两个社区，跑一个足有五公里的圈，两圈十公里，正好完成目标。另外，各自出门的时间不同，所以要偶遇，还得讲个缘分的。

我喜欢按逆时针方向跑，而德哥正好相反。我们在桥上相遇，快乐地打着招呼。兄弟久别重逢，擦肩而过心里也过不去，于是德哥摘下耳机，转身跟我在河边同跑。正是这个转身，创造了德哥跑步的新历史。

　　我们原本保持慢跑的状态，还说着些闲话，但不知不觉，脚下的速度却加快了。这种加速是潜意识的，我们都没察觉。唯一能感觉到的是同频的脚步声。但是，慢慢地，我就感觉到了这种加速，抬起了头，挺起了胸，双臂摆动的姿势也渐趋标准。

　　没有目标的晨跑，其实是拖沓的慢跑。但是，那种状态突然不见了，我感觉自己变成了专业的跑步运动员。德哥的步子也没有落下，始终跟我保持同频。我们跑到了下一座桥，并肩过了桥，来到河的另一边，继续奔跑。

　　这是很好的跑步状态，我已经很久没有感受到了。这才是跑步啊，正确的跑姿，不算太慢的速度，简直跑出了昂扬的状态，多么健康和阳光。我有些感慨，说："你有没有觉得，我们越跑越快了？"德哥气喘吁吁地回答："你小子，跑太快了……"

　　我也不想啊。为什么两个人并肩跑，就会比一个人跑得更快呢？而且越跑越快。本来是慢跑，不知不觉变成了赛跑。

　　很快我们回到了相遇的地方。德哥无奈地说："啊，我还是去跑大圈……"其实我也快坚持不住了，于是顺水推舟："好啊，改天聊。"然后赶紧挥了挥手，拐进了河边树林的小路上，都没来得及看看德哥远去的背影。

　　速度很快慢下来，一分钟后，就恢复了常态。没有比赛，就没有速度啊。跑慢一点，也不会拖累旁边的兄弟。

跑完回家，过了一阵，看到德哥新发的朋友圈，跑步App给他发了一个"勋章"，他说创造了自己十公里的新纪录，还说："这个纪录，就是河边那一圈的结果。"

那天之后，我们还是会在晨跑途中迎面偶遇，但都是挥挥手擦肩而过，再也没有谁为谁转身。

慢跑也能变成赛跑。看来人类的骨子里，确实有求胜的基因，哪怕你并没有这样的想法，身体还是会有所行动，步子越来越快，至少不能落在身边人的后面。

这大概也是跑步的特点之一。不用跟谁约，也不用跟谁比，可以没有比赛和对抗，独自一人去跑，自己跟自己较劲就可以了。不较劲，也行。实在想跟人比个输赢，就去参加马拉松比赛。

在现代城市里，这样没有比赛的状态，太少了。所以，独自跑步的时光，要好好珍惜。

带着孩子去跑步

2021年的重庆马拉松，专门搞了一个"亲子跑"的项目。这个项目，自然是为了给比赛造势，一般人不大可能牵着孩子跑马拉松。

但在2020年的成都马拉松上，有一个名叫罗书坚的父亲，推着脑瘫的儿子跑完了马拉松，一时成为新闻。这恐怕是最感人的亲子跑马拉松了。

罗书坚的儿子在出生时患上了脑瘫，无法像正常孩子一样行走和奔跑，为了让孩子过得更快乐，他效仿有"美国最伟大父亲"之称的迪克·霍伊特带着脑瘫儿跑马拉松。而成都马拉松是他们一起跑过的第42场比赛。

前两年，看过一个电影，叫《了不起的老爸》。一个热爱马拉松却患有先天疾病不能训练的孩子，最终成了盲人，而人到中年的父亲为了完成儿子的马拉松梦想，强迫自己训练，成为儿子的陪跑，父子终于一起完成了马拉松比赛。父子之间的感情，总是充满了对抗和热血，而背后还是深厚的情感。在漫长而艰辛的马拉松比赛中，感情终于得到了升华。

并肩跑步，或者小小的一番较劲，大概正是父子情感的生动折射吧。

假期里，我跑步时发现河边跑步的人，会有一种明显的组合式跑法。比如父亲带着儿女，或者干脆一家三口并肩跑，看上去很是温馨。

想来，长长的假期里，孩子缺少锻炼的机会，早上带着出来跑跑步，一来可以锻炼身体，二来也是一种亲子活动，实在是不错的办法。

孩子上中学的时候，我在暑假有时候也会叫上孩子一起跑步。但是，好不容易放假了，孩子喜欢睡懒觉，所以也要掌握一个度，不能天天去叫醒他，搞得烦了，就没有意义了。毕竟孩子的锻炼频次，和成年人还是要有一定差别的。相对而言，成年人坐的时间要多得多，而孩子可以通过他们自己的方式来保证运动量。

父子一起跑步，确实很有意思。早上的河边，空气清新，行人也比较稀少，父子俩跑着步，聊聊天，是一种全新的体验。从前孩子小，觉得他比较幼稚，可现在，比我还高一点，跑在一起，就像两个平等交流的男人。

偶尔，还能碰上带着女儿跑步的父亲，那种萌萌的反差，看上去也是让人莫名感动。父子或者父女一起跑步，是一种活力和亲情的体现，大概也是很多人想象过的场景吧。

记得孩子上高中时，周末和我一起跑步，跑了十来分钟，来了兴致，父子俩便发力比赛一番。一公里冲下来，成绩居然不相上下。只不过，跑到五公里之后，我便慢慢体力不济，跑不过他了，落在了后面。再过一会儿，他便在前面跑得不见了踪影。

真是不得不服老。不过嘴上感慨，心里还是很高兴。毕竟孩子长大了，身体好，对父母来说，总是一件值得欣慰的事。他终究会跑到前面去，跑向他自己的目标，我们看着他矫健的身影，愿意送上最大的欣慰和祝福。

跑完会师，聊起跑步中的感受，也很有共同语言。我想，父母和孩子的交流，这样大概是可以创造一些话题的，算得上是一举两得。如今，孩子常年在外地上学，一起跑步的机会就更少了。想一想，再过几年，我们老了，就更没有机会和孩子一起跑步了，所以现在可以一起跑是值得珍惜的。

孩子终究要昂首跑向远方，而我们，只能远远望着他们的背影。

擦肩而过的人

在我的朋友圈里，至少有两个人在我眼里算得上奇女子的。

一个是年轻的诗人，偶尔还能在活动现场碰个面。她随时在"半马"和"全马"间切换，朋友圈晒出来的跑步里程，一般二十千米起步。另一个是从未谋面的同城"博友"，她不是在登顶雪山就是在越野跑。因为她经常读我发在网上的文章，后来我还寄赠了一本自己的小说集。我猜，她年龄比我大一点。

在身材管理方面，女性总是比男性更自律。这一点，在晨跑中也能看出来。而她们的跑步精神，显然早已超越身材保持这个粗浅的层面。

以我的经验，晨跑的女性其实多于男性，而且女性的身材普遍好于男性。不少跑步男，腆着大肚子，慢慢在路上颠着，感觉快喘断气了。很显然，他们是胖得不行了，才无奈选择了跑步，而且刚刚开始尝试。

跑步是孤独的，对擦肩而过的异性，当然会留意。

长期在同一地方跑步的，不论男女，就是那几个人。除了那些刚刚开始跑步的减肥者，相当一部分跑者体形都不错，男人强壮有力，女人则匀称健康。

这一类女性跑步者在奔跑中充满了活力。要说漂亮，此时确实不好评价，因为她们已经累得满头大汗，头发简单扎起来，没有化妆，也没有戴首饰，衣服也是简单的运动装。

但她们有一种无形的美和吸引力，让人想多看一眼。这种多看，是一种擦肩而过的欣赏和赞赏。因为你能想象，她们一定是热爱生活的，也是开朗向上的。女性的美，很多时候，并不在妆容和服装，而在于体现出来的某种内在气质。更何况，一般的跑步者，皮肤都不会差，所以有一种由内而外的美。

也有一些人，可能是刚刚上路的初跑者，一般身体比较肥胖，跑得很吃力，当然也很慢。很显然，他们都是冲着减肥来的，相信通过运动，可以让自己瘦下来，并且更健康。

这类跑步者，有的一直在跑，慢慢体形匀称起来，有的过了一段时间，就再也没见过了，想必是放弃了。跑步，确实是一件很辛苦和枯燥的事情，好多人都会在不知不觉间懈怠和放弃。

其实，在跑步过程中，会遇见很多人，但大家似乎从来不打招呼，只在擦肩而过时，偶尔眼神交汇。这应该是同类人的招呼，没有声音，却是最好懂的招呼方式。

我也发现一个现象，就是那些在跑步中偶遇的人，在其他场合再也不会遇见。大家都住在附近小区，走来走去就这几条街，去的菜市和超市也是那几家，为什么就遇不上呢？而我在跑步中，遇见过多年老友，为什么不会在其他地方跟其他人相遇呢？

我以为，其实人在跑步时跟平常的状态是不一样的，在菜市场，没有跑步时那种状态，可能就变成了"另一个人"，自然也就不会被认出来。

开着车出去晨跑

曾经陪读租住一个老旧小区，周边全是热闹的大马路，我不得不在车水马龙的路边跑了大半年，很是苦恼。花了很长一段时间，才勉强开发出一条线路来，其中还有一半的路程跟自行车混跑在一起，有一个路口的红灯，能让人等上两分半钟……

古人择水而居，是为了方便生活和交通。跑者则要择路而居，否则在哪里跑就成了大问题。因此，买房是一件大事，有的人终其一生，都在为此奋斗，不外乎是想住在一个环境好一点、方便舒适的地方。

连晨跑这种简单的事，对一些买房不慎的人来说，也会成为麻烦事。

我有个朋友，曾经住在一个人口密集的街区，因为在黄金地段，小区很小，附近既没有公园也没有河流，楼下马路上则二十四小时车流不断。所以要让他跑步锻炼，是一件比较麻烦的事。他这种情况，或许是住在市中心繁华地带的烦恼吧。

所以他开始热爱锻炼的时候，是去健身房办年卡，上跑步机。

但我这个朋友，后来却喜欢上了路跑，只有练力量才去健身房。这样一来，矛盾也就激化了。经过很长一段时间的考察，他发现离家五公里的地方，有一条两岸绿化还不错的河，于是决定去那里路跑。

有一天早上，他早早起床，换上衣服，下楼开车，过了几条街，等了几个红绿灯，终于到了河边，找地方停了车，开始沿河跑步。跑完再穿着一身汗湿的衣服，开车回家去。他对此很满意，说："你不知道，居然还有鸟鸣。"也不知道是树上的自由鸟，还是大爷们遛的笼中鸟。但是有了大自然的背景音乐，也就多了几分满意。

我觉得这事儿还是挺有意思的——一定要去河边跑，空气好，环境好，是个讲究人。可跑了一段时间，他老婆不满意了，说你跑个步还开车出去，到底是锻炼还是干什么？还浪费汽油。好在没多久，他又另买了一套房，附近环境不错，终于结束了开车出去晨跑的日子。

我另一个朋友则不一样。虽然住家附近也能跑步，但他很有"浪漫情怀"。有一天，他发现在离家二十公里的郊外，有一处湿地公园，不但环境好，还建有漂亮的跑道。于是他兴致来了，一定要去那里晨跑。每到周末，他就早早起床，开着车

　　去二十公里外的湿地公园，跑完再开车回家吃早饭。

　　这步跑得，那是相当有仪式感，赶得上去健身房了，还是免费年卡。

　　这样劳神费力地跑步，其实也有坏处。一是很费时间，来来回回地开车，要在家门口跑，差不多一圈都结束了。另外就是不方便洗澡，跑完一身汗，还得开二十公里的车，实在有点不爽。若是在冬天，应该还挺冷的。

　　但总的来说，我还是挺赞赏他的。这不仅仅是跑步，而是一种积极的生活态度，对一切美好的事物，愿意花上时间和精力去接近和享受。跑步，很多时候跑的就是心情和态度。那种为了跑步而跑步的心态，我是不大赞同的。

　　偶尔换个花样、换个环境跑一跑，也是换个心情。你家附近有这样的地方，也不妨试上一试。至于是骑自行车去跑，还是开车去跑，都是不重要的细枝末节。

跑步也能撒狗粮

情侣一起跑步，真是美好的画面。大清早的，两人穿着情侣运动装，在河边的绿荫小道上慢跑，偶尔相视一笑，情意绵绵。这男帅女靓，别人看着也是一道风景线。相信你也在网上看过这样美好的跑步图。

但我今天要说的，是另一个故事。

我有个邻居，是个跑步健将，多年来，一直坚持跑步。周末晨跑，平常夜跑，每周都坚持跑四到五次，以至于把自己搞得很健美，动不动穿一身紧身T恤秀秀肌肉什么的。

偶尔跟他聊起跑步，发现他的路线比我丰富很多。我一般是固定的线路，固定的距离。而他则灵活选择线路，有时候往城里街道跑，有时候干脆跑上山。也不一定全程跑，跑到一定时间，还走一走。

看来，关于跑步，他比我更自在，更能得其精髓。健身和自在是第一位的，不用过分追求距离和速度。

而他另一个有意思的跑步方式，是跟他老婆一起出去。但是，他老婆才不陪他跑步呢，而是骑着一辆自行车跟着他。他慢，自行车也慢，他快，自行车也快。我们笑他，说他老婆这是在遛狗狗哇？他大笑，说只要好玩就行。

其实，有时候他老婆还会主导他跑步的节奏。她会通过骑自行车的速度，来控制老公的跑步速度。有时候看他太慢了，还在后面催促几句。这样一来，起到了督促的作用。毕竟跑步是件很枯燥的事情，跑得无趣的话，很容易懒散，放慢脚步，拖完时间了事。

想来，这位兄弟能常年坚持跑步，跟他老婆的督促也是分不开的。

话又说回来，情侣或者夫妻一起跑步，绝不只是撒撒狗粮那么简单。

为什么呢？首先跑步是一项积极的运动，它的内里包含着积极向上的生活态度。两人能够大清早起来，一起收拾了出去跑步，本身就是对生活的一种热情。而"热情"在两性关系中，有着十分重要的作用。

另一方面，夫妻一起跑步，对身体健康有很多好处。这在家庭生活中，也是十分重要的。没有健康的身体，就不会有幸福的家庭。

还有一个更夸张的女性朋友，因为男朋友喜欢徒步，而她不想徒步又想陪着，于是想出一个妙方来——男朋友出去徒步，她则开着汽车在后面跟着。车上装有各种补给，吃的喝的和药物等应有尽有，她美其名曰"永不掉队的补给线"。专业的徒步运动员，就得有专业的后勤补给，有了她的保障，男朋友或许可以一路徒步到拉萨。

只是我在想，后面是女友炙热的目光，还有一脚油门就能抵达目的地的小汽车，徒步的人心里得多煎熬啊。

但是呢，所谓乐在其中，这里面的妙处，只有他们自己才懂。我们又不是鱼，怎么知道鱼是不是快乐呢？

作为跑步的一种另类模式，"情侣跑"还是值得点赞的，因为不但能撒狗粮、增进感情，还能带来更多的乐趣和妙处。不信的话，花几个月试一试吧——前提是，你得先找到愿意陪你的女朋友啊。

两个男人的"蹄花跑步"

讲个跑步减肥的故事吧，很好玩的，听完之后，你到底是想跑步呢，还是想去吃蹄花？

这是一个朋友的朋友的故事。A男和B男是很好的朋友，他们的老婆是闺密。两个男人吧，人到中年，难免就有点发福了。所以闺密俩一商量，为了下半辈子的幸福，就联手让两个男人早上去跑步，一来减减肥，二来健健身，这对家庭来说是好事。所以两个男人只好勉强同意了。

于是，每到周末，在妻子的催促和监督下，两个男人就一起去跑步了。沿着小区的道路，一直跑到附近的公园，然后在公园里跑几圈，也算是一个挺有趣的周末锻炼了。

但是有一天，两个男人发现，公园的大门口附近，居然有一家蹄花店，每天一大早就卖蹄花。蹄花，就是猪手，我们这边一般拿雪豆来炖，是一道特色菜，肉嫩汤白，不但美味，还特别下饭，一般人很难抵挡其诱惑。当然，这东西也比较有油水。

既然发现了这个，正好又跑完了步，那么怎么能放过呢？于是两人就进店去，一人要了一只蹄花，就着一碗白米饭吃了早餐。相比面包水果之类，这可以说是增肥早餐了。

这是一件多么令人满足的事啊！跑步跑累了，来一份蹄花饭作早餐。两人跑步的动力越来越足，在他们妻子的眼里，根本就是风雨无阻，特别励志，因此她们很是感动。

但是过了一段时间，两人突然发现，跑步真的好累啊，只有吃蹄花的时候最舒服，为什么不直接去吃蹄花呢？所以，有一天，他们慢慢跑到蹄花店门口，就没有进公园去跑步了，而是直接吃起了蹄花。然后，周末的跑步锻炼，彻底变成了周末的吃蹄花活动……

跑了三个月，两个家伙都不见瘦下来，倒是越长越胖了。闺密俩一看情况不对，严加审问，甚至相约去跟踪，就发现了吃蹄花的事。于是，这场声势浩大的跑步活动，不，是吃蹄花活动，就这样被强行终结了。

我的另外两个老友，也坚持跑步多年了。特别是德哥，用了各种方式减肥，包括晚餐只吃一根生黄瓜这种恐怖的事，他都干过，但都没能瘦下来。后来，他坚定地选择了继续跑步。有一天，他约老木一起跑步，两人精神抖擞地跑了十公里，路上大概还聊得很开心，于是德哥把老木带回家去继续聊。

让老木震惊的是，德哥家里的锅里正在炖牛肉。在大清早看来，实在有些口味重。但是，德哥说："我算好时间的，跑完回来差不多就炖好了。来，开吃！"只有肉没有酒也不行，于是又开了一瓶白酒，两人衣服都没换，推杯换盏大吃了两个小时。

酒足饭饱之后，老木说："我终于知道为啥你跑了那么多步，却一直那么胖了……"

所以说，跑步要坚持下来很难，而要敷衍则很容易。有时候，是你懒得起床，有时候，是路边的美食诱惑了你。跑步的人，要警惕这些，管住自己的嘴，迈开自己的腿。如果目标是减肥，更是如此。

如果换成是你，到底是想继续跑步呢，还是想去吃蹄花？或者一边跑步一边吃蹄花？可能你会说："我们努力运动，就是为了有机会大饱口福嘛！"这句话，是很有道理的，但只有经常锻炼的人才能听懂。

因为爱情

听过很多跑步原因，减肥瘦身啊强壮体魄啊，等等，但我的朋友赵大路，却是为了爱情。

赵大路，四十岁，中年男，虽然还有那么一点年轻时留下的文艺情怀，但腆起的肚皮直接把优美的诗句变成顺口溜，所有的风花雪月都成了油腻和矫情。

赵大路是个看得开的人，觉得人嘛，只要活得自在快乐就行了，为什么一定要留住白衣飘飘的少年景象呢？人都是要老的，不必强求。

但是，有一天赵大路突然找到我，说："兄弟，我准备开始跑步了，要不要买点啥装备？"我说："跑步基本不需要什么装备。但我好奇的是，你不是一直胖得很自信吗？突然要跑步是为啥？"

赵大路恋爱了。严格说是暗恋。

五年前，赵大路离婚了，后来一直单身。但他最近喜欢上一个经常喝茶聊天的女性朋友，又不确定别人是不是看得上他。也是巧了，那位女士前几天发了一条"朋友圈"，有点征婚的意思。"她说想找一个爱文艺的，又不是腹胖型的……"赵大路拍拍自己的肚子，说，"无论如何我都觉得她是在说，如果我能减掉肚子，就是她喜欢的那个人。"

看着这个四十岁的男人突然变得跟十八岁时一样天真，我还是不免问他："你凭什么觉得她是这个意思？为啥不直接问她？万一不是，你岂不是白跑了？"

赵大路想了半天，觉得还是把肚子减下来再去表白，显得有诚意一点："再说了，就算表白不成功，至少我也减肥了嘛，要是再碰上其他美女，成功率也可以高一点。"

接下来，赵大路真的就开始跑步了，先在健身房办了卡，找私人教练制订了运动、节食计划书，又跟专业的餐厅订了减脂餐。这就是有些中年男人的优势，啥事都一本正经，舍得花精力和本钱，跟在公司做项目投资一样。

赵大路大部分时间都泡在健身房，因为有专业教练指导，偶尔心情好了，才会跑一次路跑。等三个月后我再见到他时，感觉他的运动还是卓有成效的，至少，啤酒肚明显小了很多。

"不吃米饭不吃面条不吃动物内脏……我这三个月，过得可不轻松。"赵大路炫耀说。

"我想知道的是，你去表白了没有？"男人相见，好像不聊聊女人就不正常，更何况，还是兄弟的第二春计划，当然要关心。

赵大路的眼神黯淡了一下。原来，等他练出点成效准备去表白时，发现女神已经在朋友圈撒狗粮了。人家真的找到了一个热爱文艺又没有啤酒肚的儒雅中年男，目前已经在去拉萨旅行的路上了。

"我发了个微信旁敲侧击问了一下，结果她回我说'兄弟，练得不错。等着喝我喜酒……'"赵大路在健身房练出来的精神头，直接被碾成了渣渣。

"那你还跑吗？"我再次问出一个关键问题。

"跑啊，为啥不跑？"赵大路说，看到女神撒的第一波狗粮，他停跑了三天来伤心，然后就继续跑了，因为上瘾了，不跑觉得难受。

"我觉得每天在我旁边跑步机上那美女，也不错，我们俩挺聊得来……"赵大路认为有了一副好身板，在美女面前就自信多了。这次一定能成。

菜鸟，也可以很快乐

中国足球队踢进世界杯之前那几年，我还挺喜欢看足球比赛的，对"外星人"罗纳尔多喜爱有加。后来在日韩世界杯上，看罗纳尔多和他的巴西队蹂躏中国队，伤透了心。偶像虽然厉害，可还是想给自己国家的球队加油。但现实如此残酷，梦碎了一地，再也无法拾起。而国足也一年不如一年，终至惨不忍睹。

而在喜欢看球赛的那些年，我对身边爱踢球的朋友却不大理解。一群完全没有经过专业训练的人，腆着啤酒肚儿，迈着罗圈腿，在球场上没有目的地东奔西跑，气喘吁吁……这样一群菜鸟，有什么好踢的？不如去看一场意甲、英超有趣。

那时候，我宁愿做一个瘫在沙发上的运动热爱者。总觉得，如果你不够专业，不如不干，以免丢人。

把专业的事交给专业的人去干，不好吗？这个想法放在工作上是可以的，但用在日常的运动健身上，就不大对头了。

运动，不过是一种生活方式，或者是一种热爱的游戏。

做游戏都是为了好玩，没听说必须专业。这个道理，是我在开始跑步之后才懂的。

除了专业的比赛运动员，或者跑马拉松比赛的业余运动员，一般的晨跑爱好者都不专业，可以说是跑步的菜鸟，大部分都是凭着感觉在跑。难道，我们必须去找专业的教练，否则就不跑了吗？

前些年，我偶尔在自媒体账号上分享一点跑步心得。常有人在下面留言，说你跑个几公里，还跑得这么慢，好意思拿到网上来说吗？看上去他们理直气壮，搞得我有些灰心丧气。是啊，看看网上的跑步账号，哪个不是写专业的训练方法，哪个不是写一口气跑到拉萨的大神？谁好意思把日常的菜鸟式跑步写到网上来？

这个世界，不只是专业人士的世界。我们尊重专业的力量，也应该尊重菜鸟们的快乐。既然喜欢，自然可以去尝试。比如跑步，比如足球、篮球，甚至是更专业的科学研究。

菜鸟们未必能取得什么了不起的成就，可是，他们在每天的热爱中得到了快乐。这就足够了。

其实，换一个角度来看，大多数情况下，爱好一旦变成了专业，快乐也就减半了，甚至还会增加很多苦恼。

这样的例子太多了。比如我自己，从中学时就热爱文学创作，后来成为自由撰稿人，为了赚取稿费，无论喜欢与否都要去写。后来慢慢放弃自由撰稿，重新把文学创作当作业余的爱好，反而写得更得心应手，心情也愉快了。

跑步爱好者走向专业的赛跑，就必须付出无数的汗水和艰辛去进行专业的反复训练，哪怕是一身伤痛也要坚持下去。还有没有快乐呢？当然有，但已经不是爱好者那种轻松没有压力的快乐了。

儿子高中的时候也爱上了足球，经常约着同学踢一场。因为面临高考，我总是跟他说："你这样踢足球有什么用？你没有这方面的天赋，不可能进专业队，不要耽误了学习。"可后来想一想，喜欢一件事，单纯地喜欢就好了，未必要取得成就，未必要走上专业的道路。

现在，儿子进了大学，依然热爱踢足球。我相信他永远都不可能进专业球队，永远都只能跟三朋四友相约，踢着玩，出身汗罢了。

可是，一个人有了热爱的事物，人生是不是就有了更多简单的快乐呢？

只是为了穿婚纱

新闻上看到，一对新人结婚，新娘从娘家一直跑到婆家，还穿着婚纱，后面还有几个人跟着同跑。原来这对新人是在跑马拉松时认识的，想搞个特别的婚礼，于是决定跑步结婚。别人结婚都租豪车，他们倒好，带着一群送亲客，在马路上跑了三四公里……

不得不说，这确实是一个很有创意的婚礼，绝对令人一生难忘。大概也只有跑马拉松的同学才想得出来。毕竟对于常年跑四十多公里的人来说，穿着婚纱跑三四公里，简直是毛毛雨，大概喘都不带喘的，完全不影响仪态端庄。

刘小米是从春节后开始跑步的，每天至少三公里。距离不长，但对一个离开学校后再也没跑过步的人来说，已经相当不错了。我们都认为这件事很蹊跷，毕竟刘小米已经"微胖"很多年了，而且以此为豪。为啥突然就跑步了？

真相在几个月后揭晓，原来她准备十一结婚，而婚纱照在六月拍摄。经过几个月的奔跑，刘小米的身材好了起来，穿起婚纱就更好看了。她自己声称，这是她这辈子最美的时候。谁结婚不是最美的时候呢？

在晒婚纱照的同时，刘小米也为朋友们讲了讲跑步半年的心得。

从内心来说，刘小米对跑步锻炼这件事是不屑的，因为她从小受到的教育，就是身体一定要好，而这个好，不是指身体结实，而是要能吃。所以她总是敞开了吃，尤其是回到父母家，可以一天三顿都是肉。在她父母眼里，不吃就是不孝。所以到了大学的时候，刘小米已经成了朋友圈里的胖子。但她坚称自己只是"微胖"。为了照顾她的情绪，大家只好表示认同。

可是，定下结婚的日子后，刘小米还是跟所有女人一样，对穿上漂亮的婚纱有莫名的执着。所以有一天，她悄悄跑到婚纱店试了一下。看着镜子里那个一身白的胖子，刘小米的信念终于动摇了——相比宣传画上的新娘，她这个"微胖"姑娘，实在是有点不忍直视。

她决定减肥，不但要管住嘴，还要迈开腿。她给自己的安慰是："等办完婚礼，再胖回来呗。"虽然有这个诱人的"安慰"，但刘小米还是觉得很痛苦。

跑步很痛苦。按照她的佛系生活原则，早上不睡到万不得已是不会起床的。周末一般是睡到中午才起来的。但是要跑步，只好在手机上定了五个闹钟，从早上六点半闹钟开始响，一直响到七点，才勉强起床。

"你们不知道，太难了。"刘小米认为，身材好的在路上跑，那是美丽的风景线，她自己在路上跑，像一个皮球在滚动，很是难为情。一开始，她找了个没什么人的偏僻路段，大概有三百米，就在那里来回跑。

直到有一天，刘小米在那里来回跑了三公里，往家走的时候，还有点意犹未尽，于是又在人来人往的大街边撒开跑了一段。她发现，根本没人注意她。那时候，她其实已经能正常跑三四公里了，虽然还是"微胖"。

最难的，还是管住嘴。对于一个吃货，突然要少吃肉，甚至少吃大米和面包，真是太难了。刘小米说："好多夜深人静的时候，我都独自吞着清口水，难以入眠。"

这事儿，还是怪刘小米的男朋友不地道。那家伙天生不胖，而且对刘小米减肥这事儿也不支持，觉得以前那样挺好的，胖有胖的美嘛，何必为了拍婚纱照，把自己搞得这么辛苦呢？所以，他既不陪刘小米跑步，也不陪她吃素，生生让她一个人熬了半年。

作为对这个男人的报复，结婚的第二天，刘小米就恢复了大吃大喝："别人出门都带着苗条美女，就你带个胖老婆，看你好意思不。"

但是就在上周，刘小米结婚一个月的时候，她又开始跑步了。原因是，习惯了，不跑难受。

那些被称为"大神"的人

　　成都马拉松开跑之前，同事到处联系采访报名参赛的"大神"。"大神"是圈子里的行话，指特别厉害的人。在跑友圈，这些人都是神一般的存在，江湖上一直有他们的传说，比如谁谁跑完了大满贯赛事，或者谁谁参加了国内所有的马拉松赛事。

　　国内马拉松赛事的冠军，基本上都被黑人运动员拿走了。但国内的运动员也很厉害，在跑友圈有着引领的作用。常年跑比赛的跑者，大多加入了跑友群，这样方便获得各种赛事信息，不错过报名。当然，也有跑步经验的交流。

　　我没有加入任何跑步群，除了身边的朋友，也不认识什么传说中的"大神"。但这并不表示，"大神"们就不会在我面前晃悠。

　　2022年初夏的时候，一个名叫"兜兜"的兄弟，用了20个小时，把成都一环路、二环路、三环路和绕城绿道跑了一遍，总计200公里。这位兄弟跑的是一种名为LSD（长距离慢跑）

的项目。200公里，当然不可能20个小时一口气跑完，他是跑一阵休息一会儿，路上还去餐馆吃饭，女朋友甚至送来大餐共享，中途还回家休息了两个小时，其实总共花了28个小时左右。据他自己说，跑这四个圈，其实只是他的一次长距离训练而已。

但这也非常了不起了。换了我，别说跑200公里，走也不行啊。所以他是可以被称为"大神"的。

另一个在新闻上亮相的"大神"赵俊颖，更是让人景仰。他在108天里连续跑了108场马拉松。这是个什么概念呢？作为晨跑者，我可能是无法理解的。我们之前说最好是跑一天休一天，那也不是说跑马拉松啊。

赵俊颖在2000年的时候，挑战了连续100天跑"半马"。这对于普通跑者来说，已经很难想象了。但在2022年，他经过半年的准备，成功挑战108天跑108场马拉松。在这个过程中，还有不少跑友加入跟他一起跑。这一年，赵俊颖50岁。

这些传说，在跑友圈数不胜数。比如之前我们说过的罗书坚。为了让脑瘫儿子体验不一样的人生，他推着婴儿车跑了几十场比赛。看到他单手推车，在成都马拉松的赛道上飞奔，无数人都落泪了。就算他拿不到冠军，也是跑者心中永远的"大神"。

到底什么是跑步的"大神"，相信不同人有不同的定义。

但有一点是最基本的，他必须常年跑步训练，速度得快，距离得长，跑龄也不能短。偶尔跑一跑那种肯定不算。比如有人在网上晒数据，一个被称为跑步疯子的人，在5年的时间里跑了45896公里，包含1707个"半马"和89个"全马"，而且跑"全马"时成绩还不差。

这个数据，对于普通的晨跑爱好者来说，是不可想象的。

"大神"们讲究的是专业，所以都尽量不跑出伤来。但这很难避免。常年不休地奔跑，就算没有直接受伤，关节在不停的运动中，也会出现非正常的变化。没有一个专业运动员不是满身的伤，这话假不了。

对于基本没有专业训练的晨跑爱好者，跑步最重要的作用，还是锻炼身体，跑到坐轮椅，大可不必。另外，像上面这位"疯子"的跑法，尽管他在跑步、工作和家庭中寻找平衡，但工作、生活完全不受影响也是很难的。跑步真的需要时间和精力。

我本人对所有的跑步"大神"都充满了敬仰，并对所有努力奔跑的人表示尊敬，但实在不想走"封神之路"。还是做一个凡人吧，喜欢跑一跑的凡人。

第六辑
沿着河流奔跑

我在晨曦中轻轻跑向河边，终于体味到日常生活的乐趣。

沿着河流奔跑

"一个村庄，或者一条河流，如果未能承载童年时的孤独和落寞，她永远都与己无关。定居在这里，却始终人在他乡。这是走出故乡之后不可改变的命运……"我曾在一篇文章的开头这样写道。彼时，已经搬到龙泉山下住了三年，我一直找不到融进这个古驿小镇日常生活的入口。

镇上的那些街道，我弄不清楚它们的来历，不知道它们的过往，偶尔茫然从街上走过，身边人的面孔也是陌生的，缺乏亲近感。最有烟火气的菜市场，那些卖手撕鸭、冒菜、抄手、水饺的摊主，似乎也是可疑的。很多时候，逛商场、看电影，我们都不辞辛苦地跑去市区，似乎那里才有熟悉的气场，才是可信的。

龙泉驿最惹人注目的，大概是春三月的桃花，面对汹涌而至的赏花人，我在喧闹和拥堵中迷失了方向。一直想当然地以为，住在山下，就可以安静地置身于花朵之间。可花开了，却有那么多人前来争夺。招摇的花朵们，并不理会我的落寞。

身在这里，心是过客。来到成都十多年后，定居下来，漂泊感却仍旧如影随行。直到初夏的一天早上，我在晨曦中轻轻跑向河边，终于体味到日常生活的乐趣。

芦溪河的源头在宝狮湖，河道很窄，因此我更愿意省去后面那个河字，叫她芦溪。最初在芦溪边散步，踏在坚硬的林间小道上，看到不断隔断流水的水泥坝，感觉始终是隔膜的。甚至在一个下午，我看到了她下游最污秽的段落。

但在清晨时分，周遭的街道开始喧闹起来，芦溪成了唯一安静的处所，她在树荫间蜿蜒伸展。宁静，有路，有方向，这是清晨跑步最理想的地方。

偶尔有散步的老者慢慢踱过来，我和他们擦肩而过。起早的钓者正往钓钩上挂饵料，和鱼儿们开始一场心机重重的较量。我已经在这里钓过两次鱼，但一无所获。后来才知道，溪里几乎都是些小鱼虾，而我下的钩子太大。是的，我与芦溪之间，不但没有故事，而且我对她一无所知。

对于一年四季，在晨跑中的感受是最清晰的。早上冲出门去，风吹在肌肤上，便是四季；河边植物的枯荣，花朵的开与败，便是四季；甚至芦溪河的水，清亮或者浑浊，深或者浅，也是四季。还有一群在河边舞剑、跳扇子舞的大妈。有一个老头，每天早上都戴着一个牛仔帽，坐在河边的梯沿上拉小提琴，永远都是那首《梁祝》。有时候成调，有时候不成调，但他都是一样用心，目不斜视。

在这条浓荫里的小路上，每个人的冷暖、心情，大概都是不一样的。就像桃花、梨花、槐花、紫荆，还有梅花、海棠，每一季每一朵，都别有韵致。

一天早上，我在喘息中抵达石桥，在草坡上坐下来，突然之间，一些陈旧的漂泊感再次涌上心头，很沮丧。这时，一辆自行车从桥上慢慢过去，慢悠悠的叫卖声传来——"过端阳，买雄黄……"原来快到端午了。

我这才发现这个地方的妙处——跨过石桥，就往山里去了。有一年夏天，我独自背着背包，沿着那条路深入山谷两个多小时。在那个山谷里，我遭遇了一条原生的溪流，和站在围栏上四处张望的羊。我曾固执地以为那只羊带着某个世人无法理解的暗喻，最后却不得不相信，那看上去意味深长的画面，只是山谷里的日常生活。一只羊的张望，或者它的倒下，其实都很平常。

前几天，老同学一家来玩。我陪他去芦溪边，我们在一片种了玉米的沙洲边缘钓鱼，然后在溪水边采了菖蒲和艾草。我想，我找到了芦溪最日常的一面，也慢慢体味到这座山脚小镇的生活滋味。桃花开了，樱桃上市了，枇杷可以吃了，该上山去摘桃子了，该去观光果园买葡萄酿酒了……一种不足为外人道的"龙泉山日历"，在我的生活中慢慢形成。

　　我们开始按照这座古驿小镇特有的节奏，不紧不慢地生活，如同每天清晨悠闲地慢跑。

春天，奔跑的信使

春天是从一树塑料桃花开始的。早在春节之前，网上就开始流传照片，宣称山上的桃花已经开了，大如朵云，让人心痒。只有我在暗笑，知道那是塑料的假桃花。面对春天，大家都很着急。

至少，早上在芦溪边跑步时，绿化带的几株桃树，还看不出开花的样子。跑步的人，一定是最早发现春天的人。

山上农家乐老板弄假桃花招徕顾客，是流传多年的秘密。前几年的方法比较粗糙，一枝一枝绑附在树枝上，遥遥一看，满树花开，太假。现在学精了，一朵一朵拿细丝线绑上去，与未开的花苞相间，不细看还真以为开了几朵。所谓"残红尚有三千树，不及初开一朵鲜"，就为了这一朵弄不清真假的初开花，人们早早上山去，白吹了凉风。

或许山脚下和山上的环境不一样，花期不同呢？如此胡猜着，也越发急起来，只好又上山去打探，发现还只是花苞。只因为住在山脚下，要备着城里的朋友打探花事。开了没有开了没有？回答不出的话，觉得愧对春心着急的朋友。

有什么好着急的呢？这以花果闻名的龙泉山，一年四季都有鲜花和丰硕的果实。哪怕是最寒冷的冬天，也有枇杷树在开花。"满身雪积，看月归来，向谁悄立。料比梅花更早，透露春消息。"（陶雪锋《枇杷花》）枇杷花雪白，花朵很小，花茎上长满灰灰的细毛，遮掩在阔叶之间，很难被人发现，且又与梅花同开，光彩白白被掩盖了。在这山脚下过着日子，知道春天的到来，是不需要寻找桃花的。

春节后从老家回来，第一眼就看到楼下三株樱桃花已经开得如云。第二日晨跑，微曦中，又发现河边柳枝飘得沉了一些，凑过去，叶苞已然悄悄展开。再往前跑，穿过一片海棠林，红得朵朵灿烂。这时候，哪还用寻找春天的足迹？

但是，只有满山的桃花都开了，乱红一片，又亲自坐在花下喝了一杯茶，我们才承认春天真的来了。因此，确认第一朵桃花什么时候开，就成了开年的第一件大事。

周末了，假登山之名，找了近便的步道，慢慢爬了上去。步道离著名的桃花故里还有很远的距离，但沿路的农舍都在翻新改建，挂出诸如"桃苑""赏花农舍"之类的招牌，预备着桃花开了做生意。而爬到山顶，就能看到山后面的桃树林，可以一探消息。风里还有寒意，可人人都爬出一身汗。到了山顶，来不及喘气，手搭凉棚就去看那桃树林。看不到花儿，不甘心，又下山去近了看，拉着桃枝揣度："下周该开了吧？""如果天气暖和……"一回身，有意外的惊喜，原来这边有大片的油菜花，已经开得金灿灿一片了，地边的李花也开得白了，蜜蜂嗡嗡一片繁忙。

这该是春天的气象了吧？不行，咱还是只认那桃花。再不开，就急眼了。一位邻居为此已经三次登山，耐心尽失。有几天电梯门口碰见，她都哀叹："怎么还不开？"她是云南人，因为丈夫工作的关系搬来，这是她住在龙泉山下的第一个春天。

其实，离地方政府办的桃花节正式开幕，还有大半个月。

同住山脚下，着急了，大不了多登两次山，权当锻炼身体。只是苦了那些从城里赶来看花的人。因为儿子十周岁生日，约了些朋友下周看花相聚，我趁周末上山去桃花故里订农家乐。以为花儿未开，山上必定清静，谁知车来人往，已然很热闹。大概是信了网上假桃花的照片，他们或者开车，或者坐地铁转公交，径直上了山来。可除了农家乐有几株塑料花，就只有白白的李花、黄黄的油菜花啊。姑娘们只好赖男友，买了油菜花扎的花环，兀自戴在头上，沿着马路妩媚招摇。

春心着急，大概就是这个样子。我只想告诉朋友们，我每天早上从河边的桃树下跑过，有没有开花，我都替你们守着呢，像一个奔跑的信使。

跑时遇见野菜

　　桃花节终于过去了，山脚下的小镇慢慢恢复了日常生活。周末了，空气质量好转，便趁着阳光大好又去爬山。

　　山脚下，仍有些从城里赶来抱着幻想看花的人。可桃花都谢了。一些临时凑起来的农家乐，已经在整理桌椅准备撤退了，卖遮阳帽的大姐正在推销："便宜卖了，今天一过，就走了。"倒是路边一农妇，两只塑料袋里，露出几把嫩乎乎的树叶儿，很是惹眼。是椿芽。虽然椿芽长在树上，但每年这个时候，人们都把它当热门的野生蔬菜，拿来炒蛋，脆嫩清香，是不可多得的美味。菜市场里，也有商贩搞了大堆的椿芽在出售，还分出三六九等，价格不一。但那椿芽都从泡沫箱里翻出来，看着让人生疑——这春天的小玩意儿，吃的就是个新鲜，这样的椿芽，还新鲜吗？所以从山上下来兜售的农妇们大受欢迎。自然，如果能亲自到山上找了香椿树，摘下几芽来，就更美了。

　　香椿树不那么好找，再说树又高大，摘下来不大容易。但这时节，挖野菜的大军出动了，从山脚向半山腰冲锋而来，漫山遍野，煞是好看。在爬山和看花的大军中，有一帮妇人，提着塑料袋，拿着铁铲子，弯腰在桃树下寻觅。她们在挖野菜。

这听上去可真是个十分小资的活动，但多数人没那耐性，也没那常识，不知道杂草丛生中，哪些是野菜。看得兴起，我也跟随他们，近距离观摩学习，可怎么也学不会。枉我从小在农村长大，却没认真挖过野菜，真是遗憾。她们在桃花树下，乱草堆里，准确地挑出一些草一样的东西来，宝贝地放进塑料袋里。我只好疑惑而去。

有一天晨跑，在芦溪边，竟然也见有三五妇女蹲在草坡上翻找，过去一问，居然也是在找野菜。这是附近的居民，懒得上山，就近取材。

这样一来二去，我终于认识了一种野菜，叫作棉花草。因为这种草叶子上长着细绒毛，容易让人联想到棉花。见了才知道，其实是我川东北老家称作清明草的东西。据说可以切成细丝凉拌，或者做馍馍。其实，现在的酒楼里，时不时也有野菜做的菜肴，可我总是囫囵吃了，夸夸好吃，也不去问名字，不去细看它长相。据说岩白菜、水芹菜都是人们经常挖的野菜，可我始终分不清楚。

这样一知半解，我们终究不敢尝试上山去挖野菜来吃。因为新闻里也时不时报道，说有人乱挖野菜来吃，因而中毒。有一年我做记者，在省人民医院遇一家人吃野菜中毒，吐得满地，搞得我很久都有心理阴影。也因为这个，我认野草，慢慢又增加了一些本事，就是认有毒的草。比如断肠草，知道草原上叫羊不吃，有个漂亮的学名叫刻叶紫堇。小时候割猪草，这种东西不能要的。听"断肠"这名字，就能吓死半个人。去若尔盖草原，认识的第一种草，便是狼毒花。认清"敌人"，才能保护自己。

只有一回，我们竟去采蘑菇。那年在若尔盖草原回来，经过松潘，听说附近山上有蘑菇可采，大家一起爬了上去，胡乱采了些野菌子，拿到餐馆去，让师傅辨认挑选了半天，才勉强炒了一小盘端上桌来，心惊胆战地吃下去，三个小时没人出问题，才算松了一口气。

因了挖野菜的重大风险，要吃野菜，最好的地方就是酒楼。而在这山脚下的小镇，早上跑步时，路边也有山上下来临时摆摊的农民，他们凭着经验挖了野菜来售卖。但因为大多数人不懂，所以相比正常的蔬菜，买野菜实属盲人摸象，害怕买到有毒品种。要是中了毒，找谁去呀？

最可怕的是，有一天买椿芽，听一满头白发的农民说："椿芽也有假的。有一种外形像椿芽的树芽，也有人拿来冒充椿芽出售。"这可真是吓死人了。不过那老农说，也吃不死人的，只是没椿芽那味道。

如此这般，虽然住在山脚下，离野菜很近，有时候跑步碰见卖野菜的农民，也不大敢买来品尝了。想一想，要追这潮流，其实真挺难，弄不好，还得搭上小命呀。

顺道买一把青菜

　　作为一个以健身为目的的跑步者，大多数时候，我都是在家附近的芦溪边晨跑。在相同的路线奔跑，看上去挺枯燥的，但在这短短的路线上，倒有一个小小的场景，颇具生活的乐趣。

　　我跑步的路线，基本在芦溪的两岸，途中有五座桥。地处居民区，这桥也确实有些密集。跑到偏南的路段，有一座公路桥，一头是临时菜市，一头是居民小区，而桥两边有很宽的人行道。晨跑到这一段的时候，桥的一侧，已经聚满了菜贩。这些人在人行道上摆摊，菜都不多，但摆得密密麻麻，有时候甚至摆到河边的林间小道上来了。

　　跑步过去，难免觉得影响过往。刚开始的时候，还觉得挺讨厌的。桥那头就是菜市，为什么非要摆到桥这头来？

　　但是，跑了几次，我发现有些不对劲的地方。这些菜贩，似乎不像是市场里做生意的人，他们的菜都不多，品种单一，大多用两个篮子或者一个竹篓装着，旁边还放着扁担。穿着上，也不大讲究，有的甚至还挽着裤腿……我才意识到，他们可能是附近山上的农民，而且都不年轻了，挑着菜来这里赶早市的。

一点青菜，或者小葱、莴笋之类，又或者是应季的水果。我发现这个地方时，正好是六月，于是满地摆满了桃子、李子和杏子。看着菜贩们衣着朴素，还有被太阳晒黑的脸和手臂，你不能不相信，这些蔬菜和水果，都是大清早才采摘的，半个小时就送到了山下来售卖。这个菜市，一定是全成都离龙泉山最近的菜市，所以才有这么多直接卖菜的农民。

龙泉驿城区的菜市，辟有专门的农民自售区，但有时候，会有做生意的菜贩跑进去摆摊，来忽悠不懂行的人。但在这里，几乎看不到假农民，因为菜市本是自发的，又比较偏僻。农民从山上下来在这里摆摊，也是图个近便。

我发现的这个秘密，可能早已尽人皆知。早上的林间小道，时常看到散步的居民，尤其是大爷大妈，拎着新鲜的蔬菜和水果，沿河慢慢走着。散步和买菜，大清早成了一举两得的事。

我原本对买菜兴趣不大，但看大家买得起劲，也难免有些好奇。跑过了好多个早晨，终于有一天，忍不住在菜摊前停下来，选了一把水淋淋的小白菜，拎着继续开跑。拎着菜跑步，毕竟有些不方便，可一看那鲜嫩的小菜，我又原谅了自己。

　　跑步这种活动，一向充满朝气，这几年更是有些时尚和潮流气息了。网上发布的跑步照片，都是男帅女美，不食人间烟火的样子，好像跑步还跑成神仙了。各种把跑步说得天花乱坠的言论更是很流行。

　　像我这样在跑步路上买菜的，恐怕也是少见了。不过也好，这样才更符合我跑步的初衷。我并不是运动员，只是一个健身的跑步者。跑步是生活，也是日常。

古镇，一个折返点

住在龙泉山下，一说到古镇，自然就想到洛带。这个又叫甑子场的地方，名列四川十大古镇之中，可谓声名在外。但除非外地朋友相约，平时我们是不大去的。原因就是节假日人太多。古镇一旦失去了宁静，就无古可言。偶尔，我们往另一个方向去。

柏合，一个以豆腐皮和草帽闻名的小镇。镇政府等一干机构，已经从柏合镇搬到龙泉驿城区，因此这个小镇便名符其实地"古"起来。

我家距离柏合镇，大概七公里多一点。如果当天跑步的目标是十五公里，我便在家和柏合场口间，顺着自行车道，来一个折返跑，刚刚好。

跑步是不会进到镇上去的，只在场口就掉头了。所以对这个柏合镇，一直想要一探究竟。某一个周末，便开着车，顺着跑步的路线，来到了柏合镇。

到了场口，往左一拐，就进了一条"草帽街"。这街真叫草帽街，街两边楼顶上，都晒着长长的草辫子，阳光下，黄黄的很耀眼。草辫子算是草帽的半成品，先拿麦草编制成辫子状，很长。然后将草辫子一圈一圈绕起来，最后形成草帽的形状。所以四川人有句骂人的俗话——牛儿吃了烂草帽，一肚子的圈圈。是说一个人心机多，圈套多。还有一句是"叫花子的草帽，只剩个圈圈"，是说事情坏到不可收拾的地步了。

第一次认真逛柏合镇那天，却不逢场，因此编草帽的太婆们都没出来。挺遗憾。听说这里每逢三、六、九才赶场。据说这里的草帽远销国外，已经成了出口的工艺品。这跟很多没落了的日常生活用品一样，一不小心就成了艺术品，真想拿来用，反倒不能了。

在一个电器商店老板的指点下，我们往小镇的深处探寻。这种探寻似乎没有目的，因为我们不知道将面对什么样的景象。未经打造的古镇，不如想象的那样美好，有点乱。开始出现一些古旧的房子，编了号的门板，深长而幽静的小巷子。大多的门店都关着，偶有老头老太坐在门口。钻进去，住家也是没有人的。只有木板门上贴着缴水费的通知单，提示这里尚有人居住。

有一处房子，大概许久没有人居住了。临街二楼的木走廊，很多地方已经腐朽，让人担忧。我从窄窄的巷子钻进去，发现两个小天井。站在凉幽幽的暗影里，抬头看天，有一种深藏不露的暗喜。

一个小时后，我们就走到了来时的地方。这时候，我才醒悟过来，为什么这条街又叫磨盘街。这是一个圆圈状的街道。据说从远处看去，柏合镇像一只展翅飞翔的白鹤，而古街呈环状，形状如一轮磨盘，所以叫磨盘街。所谓古镇，大概就剩下这个磨盘街了。

镇上倒有一株大黄桷树。有个传说，说是桃花仙子听说柏合好玩，过来逛街，累了，就靠在黄桷树上歇气，没想到掉下一颗桃花种子。于是，那黄桷树每年都有一段时间会开出桃花来。至于有没有人见过这黄桷树开桃花的奇景，也不知道。总之，我们去的时候，并没看见。

但所谓场镇，这样冷清的，才是真面目吧。所以我们悄无声息地转了一圈，很是喜爱。临到走了，便到处找传说中的柏合豆腐皮。有好几家，但听说范记是最牛的。没做比较，也不好下断言。这里的豆腐皮声名在外，是用蚕豆豆浆制作的，薄透如纸。要吃时，便切成细细的丝，再加作料烹制，有红味白味之分。一筷子捞起来塞嘴里，没人不尖叫的，烫啊！但来龙泉驿玩的人，常常专程过来找烫。

回来后，去菜市场，发现好几家都有未经烹调的豆腐皮出售，挂着个招牌——柏合豆腐皮。相距不过七八公里，这所谓特色，其实已经深入我们的日常生活。因此便买了几张，回去琢磨着做了来吃，也很有意思。

对于古镇，我们总是期待太多，觉得一去了，就能看到古香古色的老房子，悠闲缓慢的生活。但现实却往两个极端而去。要么是打造过的，老房子都是伪造的，满街都是商店，千镇一面，人们在街上挤来挤去，不知来去。另一种，倒是原生态，却又尘土飞扬，老房中夹杂着新建的洋楼，像个落魄妇人般，满面的麻木和凄惶，一身褴褛，让人看不清楚面容。至于住在这里的人，一切如常。他们对古镇这样的称呼都觉得疑惑，半天才回过神来："你是说老街吗？在那边？"扬手一指都是淡然。

这就是我心目中的另一个古镇，尽是日常生活的琐碎和平常，慢慢地，它成了我跑步生活中的一个小小节点。

至少，还在慢慢跑

我从来都不是一个专业的跑者，也不打算做一个专业的跑者。所以，想要在这本书里学习跑步知识的朋友，看我拉拉杂杂写这么多，可能多少有点失望了。

至今，跑步已经十二年，这些文字也断断续续写了十二年。从最初充满热情地记录，到后来感觉记无可记，这种感觉跟跑步是一致的，慢慢成了习惯，也就没有那么多感悟了。

相比那些创造无数辉煌的马拉松跑者，普通跑者的生活平淡无奇。所以，我无法分享热血和激情，也没有细致、科学的专业建议。有的，是最初跑五分钟就开始喘的尴尬，冬天太冷起不来的三天打鱼两天晒网，跑步途中停下来买菜的不专注……但是我想，这可能是绝大多数跑者的日常，因而能够彼此共情。

关于跑步的书籍有很多，但大多是专业的长跑运动员或者研究者撰写的，他们都专注于马拉松比赛或者运动科学，因而总结了十分专业的跑步训练方法和经验。

可是，这个世界上的跑步人群中，普通的晨跑爱好者还是占了大多数。那些高端的专业训练，精确到分秒的训练计划，对普通人来说，真的有必要，或者说真能做到吗？

所以，我想和千千万万的普通晨跑者分享一点感想，未必有用但一定是真实的。这就是我写下这些文字的初衷。或者正好，我喜欢跑步，又喜欢写作。

跑步十多年，没有什么值得大书特书的时刻，也没有什么高光时刻，只有清晨独自在河边奔跑，不时自我否定和重新上路。守着岁月的流逝，最终得到一个结果——至少，我还在慢慢跑着。

生活中的很多事，都是如此，一时热衷之后又很快放弃，而那些悄然维持的事情，却在不知不觉间做了很多年。

从中学时代，我就以喜欢文学创作而在同学中闻名。多年之后，同学相聚，春风得意的和人生失意的都有。难免就有人跟我说："真的好佩服你，这么多年了，还在坚持搞创作。"这话就是客套。可在我看来，就有些委屈。文学创作是我喜欢的事，何来"坚持"？只有不喜欢却非做不可的事，才谈得上坚持。

跑步也是如此，当习惯成自然，当热爱深入骨髓，跑下去不难，不跑才难。是我需要跑步，而不是跑步需要我。如同，是我需要文学，而不是文学需要我。

　　"对人生命威胁最大的是以车代步，而不是交通事故。"
在出门就是车的这个时代，跑步可能是让人最接近原始状态的
运动。

　　恢复双腿本来的功能，像人类的远祖一样，在草原和森林
中奔跑，去追逐猎物。我想，这大概是很多人爱上跑步的真实
原因——基因主宰了一切。

　　谈何坚持，只需慢慢跑下去。

2023年5月

成都 · 龙泉驿